MATÉRIAUX COMPOSITES SOUPLES

EN ARCHITECTURE,
CONSTRUCTION ET INTÉRIEURS

René Motro (éd.)

MATÉRIAUX COMPOSITES SOUPLES

EN ARCHITECTURE, CONSTRUCTION ET INTÉRIEURS

BIRKHÄUSER
BASEL

Cette publication a été réalisée avec le
soutien du groupe Serge Ferrarí.

Conception graphique, mise en page
et couverture : PROXI, Barcelona

Coordination éditoriale :
Henriette Mueller-Stahl, Berlin

Traductions en français :
ARCHITEXT (Anne Kuhn, Heidi Wecxsteen),
Dresde et Marseille

Auteurs des textes pour les projets :
Richard Palmer : rp
Arno Pronk : ap
Wolfgang Sterz : ws
Jean Vasseur : jv
Ivo Vrouwe : iv

Information bibliographique de la Deutsche
Nationalbibliothek
La Deutsche Nationalbibliothek a répertorié
cette publication dans la Deutsche National-
bibliografie ; les données bibliographiques
détaillées peuvent être consultées sur
Internet à l'adresse http://dnb.d-nb.de.

Ce livre a été également publié en version
anglaise (ISBN 978-3-7643-8972-7) et en version allemande (ISBN 978-3-7643-8971-0).

© 2013 Birkhäuser Verlag GmbH, Bâle
Case postale 44, 4009 Bâle, Suisse
Membre de De Gruyter

Imprimé sur un papier sans acide, composé
de tissus cellulaires blanchis sans chlore.
TCF ∞

Imprimé en Allemagne

ISBN 978-3-0346-0709-4

9 8 7 6 5 4 3 2 1

www.birkhauser.com

EXEMPLES

INES DE GIULI
et ROMAIN FERRARI

LES MATÉRIAUX COMPOSITES SOUPLES : FABRICATION ET USAGES MODERNES D'UN MATÉRIAU POLYMORPHE

Une des multiples formes des textiles techniques.

INTRODUCTION

Le textile, qui vient du latin *textilis*, dérivé du verbe *texere* qui signifie « tisser, ourdir une toile ou une trame, tresser, entrelacer » est apparu très tôt dans l'histoire de l'humanité. L'archéologie a permis de découvrir des pièces d'étoffe datant d'au moins 8000 ans avant J.-C. en Mésopotamie où le lin était alors cultivé. L'Égypte, connue également comme « le pays du lin », possède des vestiges de tissus qui auraient été confectionnés vers 4500 avant J.-C. Il fut sans doute un temps où le textile était unique, composé de fibres sauvages. Il est, aujourd'hui, caractérisé par une très grande variété (sans cesse étendue !) de nature et d'emploi.

Les avancées technologiques ont permis non seulement l'élaboration de nouvelles générations de fibres – la filière synthétique s'ajoutant à une filière naturelle – mais également de nouveaux procédés de fabrication, qui en multiplient les propriétés et favorisent une diversification des domaines d'application.

S'il a d'abord et pendant longtemps été principalement cantonné à l'habillement, ce matériau, aujourd'hui présent dans les secteurs aéronautique et électronique, mais aussi dans la médecine ou la construction, fait l'objet d'une innovation constante qui cherche à l'adapter aux exigences toujours plus poussées des domaines que sa filière technique a conquis. En intégrant les concepts de durabilité et d'efficacité énergétique, l'industrie textile se montre en parfaite adéquation avec des enjeux qui sont partagés par tous les grands métiers industriels. Grâce aux réseaux et aux fédérations d'universités, de centres de recherche et de laboratoires, elle confronte les savoirs multidisciplinaires pour faire émerger de nouvelles générations de produits de haute qualité. Indice historique d'une civilisation plurimillénaire, le textile apparaît donc relever pleinement le défi de la modernité.

LE TEXTILE, UN MATÉRIAU POLYMORPHE

LES TEXTILES TRADITIONNELS

Le textile recouvre aujourd'hui un champ extrêmement vaste de matériaux. S'il est défini par son processus de fabrication, le tissage, notion contenue dans l'étymologie même du mot, une grande partie de ses propriétés provient également de la matière première avec laquelle il est fabriqué, la fibre. C'est d'ailleurs souvent, et significativement, la nature de la fibre textile qu'on utilise, par métonymie – les pièces de tissu sont usuellement appelées « du lin », « de la soie », « du coton » – pour désigner le produit fini. La première distinction qui s'opère quand on cherche à établir les catégories du textile se fait entre le textile traditionnel et le textile technique. Le premier, dont la confection et l'usage sont les plus anciens, couvre donc les domaines de l'habillement mais aussi de l'ameublement, des draps aux tapisseries en passant par les nappes et les tentures. À l'inverse, un textile technique peut se définir comme tout produit textile dont les performances techniques et les propriétés fonctionnelles prévalent sur les caractéristiques esthétiques ou décoratives. Cette catégorie apparaît comme une extension et une diversification du secteur textile traditionnel. La distinction a résulté du développement intense de l'industrie éponyme au début du siècle dernier à la suite du progrès de la science et de l'apparition de nouvelles générations de fibres issues de procédés chimiques.

Ci-dessus : Procédé d'extrusion.   Ci-dessous : Procédé de tissage.

LE TEXTILE À USAGE TECHNIQUE
(TUT, TEXTILE TECHNIQUE)

Depuis les années 1980, l'industrie textile subit un déclin constant, du fait notamment de la forte concurrence des pays à faibles coûts salariaux tels que la Chine ou les pays de l'Est. Cette concurrence exacerbée a engendré la perte de milliers d'emplois et la fermeture de nombreuses usines dans ce secteur autrefois clé en Europe. De nombreux industriels traditionnellement orientés vers l'habillement tentent de déployer leur activité vers des débouchés à haute valeur ajoutée qui échappent à l'impact des coûts salariaux et permettent de dégager de meilleures marges. Ces nouvelles fibres représentent une part toujours plus importante des marchés textiles en Europe, notamment en Allemagne, en France et en Italie, ainsi qu'aux États-Unis et au Japon.

Dans la voie, déjà bien engagée, de fonctionnalisation du textile à usage technique, les nouvelles contraintes sont des exigences de performance d'ordres physique, mécanique et chimique. L'industrie textile haut de gamme emploie aujourd'hui les procédés de production les plus modernes répondant à des cahiers des charges extrêmement précis et incluant de rigoureux contrôles de qualité.

Cinq grandes étapes jalonnent la fabrication du textile technique. La première concerne la formation du fil grâce à un assemblage de filaments dont le nombre varie d'un à plusieurs centaines et qui sont généralement obtenus par extrusion, à partir de granulés de polyester ou de billes de verre que l'on fait fondre. La matière chauffée est introduite et poussée dans une filière (pièce métallique servant de moule), qui lui donne sa forme très allongée, avant d'être étirée. La seconde étape, le tissage des fils, donne naissance au tissu proprement dit que l'on nomme également écru du fait qu'il n'a pas encore été « blanchi », ou traité. La troisième étape consiste à appliquer sur le tissu brut une substance, réalisée le plus souvent à base de PVC, silicone ou PTFE, enrichie de composants chimiques tels que des colorants, des assouplissants, des stabilisants thermiques, des agents antifongiques ou autres. Cette enduction peut être réalisée aussi bien sur une seule que sur les deux faces, ou être répétée plusieurs fois. La pose d'un vernis de surface, quatrième etape, finalise la fabrication du textile. L'ultime étape est le conditionnement sous forme de rouleau.

Dans les textiles enduits, le tissu brut subit un certain nombre de prétraitements avant d'être recouvert sur une ou deux faces, on l'a vu, de PVC vinylique (chlorure de polyvinyle), de silicone dans le cas de tissus polyester, ou encore de PTFE (polytétrafluoroéthylène). Le vernis consiste, quant à lui, généralement en une laque fluorée qui étanchéifie la surface comme sur les tissus de polyester enduits de PVC, pour améliorer sa tenue aux salissures, aux moisissures et aux ultraviolets.

C'est la combinaison de plusieurs fonctions qui définit le caractère technique du textile. Le produit fini est ainsi doté de qualités variées adaptées à l'emploi : un poids, ou grammage, compris entre 250 et 1500 g/m^2, une épaisseur variant de 0,5 à 1,5 mm, une largeur, la laize, mesurée en centimètres, une résistance à la rupture en traction et à la déchirure située entre 150 et 1500 daN/5 cm (c'est-à-dire que la rupture d'une bande de 5 cm intervient pour une traction qui équivaut à une charge pouvant aller de 150 à 1500 daN selon le tissu), un allongement sous charge statique, une plus ou moins grande porosité, un classement au feu (certains textiles sont même classés incombustibles, à l'instar du béton ou du métal à l'état brut), une résistance aux microorganismes, une résistance mécanique et une tenue des couleurs après exposition à la chaleur, à l'humidité et aux ultraviolets, une transmission ou une réflexion de la lumière mais aussi de l'énergie solaire, ou encore des caractéristiques acoustiques (des produits très minces peuvent absorber jusqu'à 60% des ondes sonores) et thermiques (les textiles techniques ajourés pour stores bloquent entre 70% et 96% de la chaleur solaire).

Ci-dessus : Disposition de la filature.   Ci-dessous : Composite souple final.

LA TECHNOLOGIE TEXTILE EN ARCHITECTURE

Trois types de textile enduit représentent les 90% des membranes utilisées dans les conceptions architecturales modernes : la fibre de verre – matériau composite renforcé par un filament de verre généralement associé à des polymères – revêtue de PTFE, le polyester revêtu de PVC, et la feuille enduite d'ETFE (éthylène-tétrafluoroéthylène).

La fibre de verre enduite de PTFE, ou Téflon, a été la plus utilisée dans les structures pneumatiques. Les tissus enduits ne nécessitent pratiquement aucun entretien et sont relativement faciles à changer. Le PTFE ne s'utilise dans les bâtiments que depuis les années 1970, et les feuilles transparentes « haute performance » d'ETFE ne se sont imposées qu'au milieu des années 1990. La fibre de verre enduite de PTFE apparaît aujourd'hui beaucoup plus coûteuse. Elle présente une moins grande élasticité et un manque de flexibilité qui favorisent des craquelures et une auto-abrasion du revêtement. Outre ces trois principaux textiles, il en existe beaucoup d'autres , comme le mentionne Philip Drew dans son livre *New Tent Architecture* (New York, Thames and Hudson, 2008) : matériaux non enduits, ajourés, membranes microperforées avec un bon pouvoir d'absorption acoustique, textiles non enduits ou imprégnés à tissage large ou serré pour des applications intérieures, tissus de polyester avec enduction interne à faible taux d'inflammabilité, tissus de verre à faible émissivité avec un revêtement polymère fluoré et une structure qui absorbe les sons. Selon Drew, les tissus utilisés en architecture constituent un domaine hautement spécialisé.

Les chercheurs continuent de donner naissance à de nouveaux matériaux aux fibres plus robustes et plus résistantes. Les textiles architecturaux servent désormais de filtre pour remédier à certains effets indésirables de l'environnement, comme l'ensoleillement direct, mais peuvent également produire du courant électrique grâce à l'introduction de fins panneaux photovoltaïques dans leur structure. En 2005, lorsque Royal Philips Electronics présente des textiles intégrant des diodes luminescentes sans compromettre la douceur du matériau, l'entreprise marque la naissance du textile photonique.

En construction, le textile investit même l'intérieur des parois de béton. Il en améliore la tenue au feu en canalisant la vapeur d'eau vers l'extérieur, ce qui empêche leur éclatement. Appliqué sur les armatures métalliques, le textile permet également de diminuer la couche de béton protectrice et donc, par voie de conséquence, de réduire significativement le poids des ouvrages. Le béton armé au textile a aussi vu le jour ! Les armatures métalliques ne sont alors même plus de mise.

Les tissus à usage technique sont, contrairement aux textiles traditionnels dont le secteur est peu dynamique en Europe, promis à une belle expansion. Leur développement exige cependant la maîtrise de nouvelles technologies permettant de réduire davantage les coûts liés, entre autres, à l'automatisation et à la stabilité des composants comme des procédés. L'avenir des TUT repose non seulement sur l'amélioration de la flexibilité du système de fabrication, mais aussi sur la mise au point de produits à très haute valeur ajoutée tels que les produits intelligents, également appelés *smart fibers*, les produits interactifs ou adaptatifs, à savoir les textiles avec « capteurs » d'information et fibres réactives à certaines informations. La fabrication du matériau utilisé dans les textiles à usage technique relève d'une recherche et d'un processus qui dépassent le simple assemblage de fils, eux-mêmes issus d'un protocole d'expérience très qualifié.

LA FABRICATION DU MATÉRIAU

L'OBTENTION DU FIL

Les textiles techniques sont des produits intrinsèquement fonctionnels dont les propriétés spécifiques sont commandées par certains usages. Ils peuvent être tissés, tricotés ou tressés, mais ils existent également sous forme de non-tissés. Le matériau obtenu doit généralement subir des traitements d'apprêt avant de constituer un produit fini ou semi-fini. L'obtention de fil se fait par extrusion à partir d'une préparation chimique, procédé qui permet l'incorporation d'additifs fonctionnalisant les matières selon les performances recherchées. Les fils continus sont constitués de quelques filaments à plusieurs milliers, de diamètre inférieur au micron pour les microfibres ou nanofibres, ou de l'ordre du millimètre dans les cas des monofilaments. Ensuite, la filature permet le mélange de fibres de propriétés complémentaires, comme le mariage de l'aramide avec des fibres pré-oxydées, pour la fabrication de fils hybrides. Ces derniers peuvent être enrichis grâce à des transformations destinées à leur donner de nouvelles propriétés, que ce soit l'enduction, l'imprégnation ou l'adhérisation par des résines. Le guipage, qui désigne l'enrobage de fils le plus souvent élastomères, par exemple en élasthanne, utilisés en âme, par d'autres fils en polyamide, polyester ou coton enroulés autour, ou encore le retordage, confèrent de nouvelles vertus mécaniques.

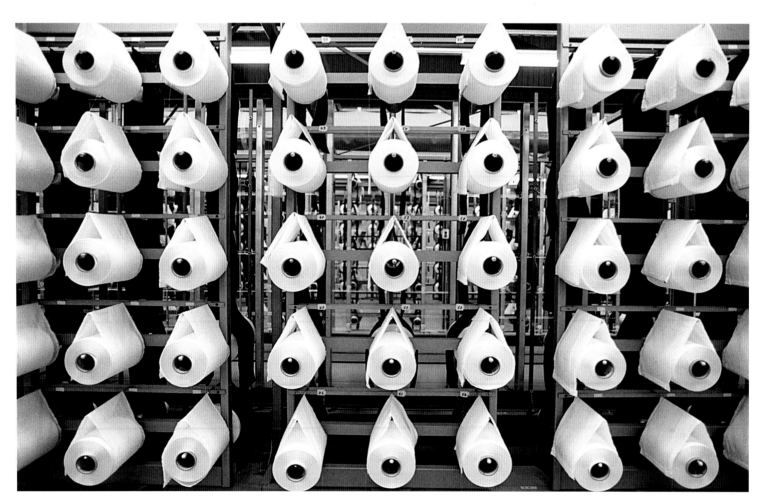

Une gamme de rouleaux de textile en attente de post-traitement.

DU FIL AU TEXTILE

La construction des tissus proprement dite, le tissage, qui résulte de l'entrecroisement, dans un même plan, de fils disposés dans le sens de la chaîne (longueur) et de fils orientés dans le sens de la trame (largeur), perpendiculaires aux fils de chaîne, compose l'armure. On distingue trois grandes classes fondamentales dans la filière traditionnelle du textile : la toile, obtenue en soulevant alternativement les fils pairs et les fils impairs de la chaîne, pour laisser passage au fil de trame, le sergé, caractérisé par la présence de côtes obliques sur l'endroit mais uni sur l'envers, et le satin, fin et brillant sur l'endroit et mat sur l'envers, constituant le tissu le plus riche du point de vue arithmétique. Le tissage offre en réalité une variété infinie de surfaces, de la nappe unidirectionnelle à la grille décontexturée qui contient moins de fils au mètre carré, en passant par des tissus très lourds de plusieurs kilogrammes par mètre carré. Leurs propriétés dépendent essentiellement de l'orientation des fils ou des fibres de constitution. On parle de surfaces textiles ou d'étoffes lorsque les fils constitutifs sont disposés dans un plan, ou de textiles 3D, ou volumiques, lorsque les fils occupent les trois directions de l'espace. Dans chacune de ces catégories, l'orientation des fils dans le plan peut être axiale, biaxiale ou multiaxiale. Les textiles 3D sont composés de fibres disposées spatialement pour réaliser des volumes dont les parois épaisses sont structurées en trois dimensions.

L'ENNOBLISSEMENT DU TEXTILE : VERS LA MISE EN FORME DU MATÉRIAU

Les techniques d'ennoblissement ont quant à elles pour objectif de modifier les propriétés du textile brut, de lui donner certaines caractéristiques et de le rendre apte aux exigences fonctionnelles d'emploi. Le textile est préalablement préparé selon différents procédés comme, dans la filière traditionnelle, le flambage, le désencollage ou, plus courants dans la filière technique, le désensimage, chargé de retirer les enduits gras déposés avant la filature, et la thermofixation qui garantit une stabilité dimensionnelle des tissus. Les principales opérations d'ennoblissement sont la teinture, l'impression ou le flocage. Le recours aux apprêts chimiques et mécaniques, comme l'émerisage ou le grattage, est également courant. L'ensimage, spécifique aux tissus de verre, vise à les rendre compatibles avec les résines déposées ultérieurement. Pour rendre un textile ignifuge, hydrophobe, antistatique, antibactérien, résistant à l'abrasion ou protecteur contre les rayons ultraviolets, les apprêts chimiques, constitués de résines polymériques, sont généralement déposés par enduction. La compatibilité entre la fibre et les différentes formulations à base de polychlorure de vinyle, de polyuréthanne, d'acrylique ou d'élastomères naturels et synthétiques, doit être maximale. L'adhérisation consiste, par exemple, à créer des ponts chimiques entre les macromolécules d'un textile à l'aide d'un traitement appelé Résorcine Formol Latex, qui fixe sur la fibre un composant réactif au caoutchouc. L'addition de plastifiants, charges minérales ou autres auxiliaires qualifie encore plus spécifiquement le matériau pour un usage final défini. Le produit obtenu peut encore connaître une opération de complexage lors de laquelle on fait adhérer sur un support textile, par contrecollage ou laminage, des films, des mousses ou des membranes microporeuses, en polyuréthanne ou PTFE, lui conférant des fonctions barrières (respirabilité ou étanchéité), avant de constituer un matériau de construction. Il existe également des textiles préimprégnés, composés de fibres associées à une résine thermodurcissable ou thermoplastique.

La surface hydrophobe de la feuille de lotus...

... et son homologue textile.

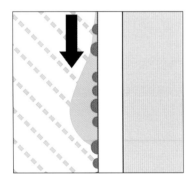

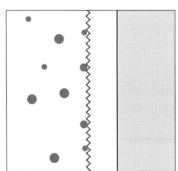

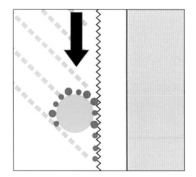

Revêtement de façade traditionnel :
La surface est moins hydrophobe et de
ce fait plus susceptible de s'humidifier.
Les particules de poussière peuvent
plus facilement y adhérer.

Comment fonctionne le revêtement de
façade Lotus-Effect: La micro-texture
de la surface réduit au minimum la
surface de contact pour la poussière
et l'eau.

La surface est, de plus, ultra hydrophobe. Les gouttes de pluie coulent
immédiatement sur la surface, empor-
tant avec elles les particules de pous-
sières qui ne sont pas fermement accro-
chées à la surface.

La grande diversité des matières et la très haute complexité des processus de fabrication nécessitent des compétences et des qualifications spécifiques, notamment en chimie ou en physique mécanique, qui soulignent l'importance de la R & D dans l'activité sectorielle technique du textile. L'une des grandes tendances explorée aujourd'hui, le biomimétisme, consiste à s'inspirer du fonctionnement d'organismes vivants.

LA NATURE : UN LABORATOIRE POUR LE PROGRÈS DU SECTEUR TEXTILE ?

La recherche en nanotechnologies est considérée comme un axe très porteur d'innovation technologique. Les efforts sont également portés sur l'analyse de comportements biochimiques intéressants en milieu naturel. Lorsque des propriétés essentielles sont observées, l'enjeu consiste à les reproduire artificiellement, opération qui a déjà donné des résultats concluants.

La feuille de lotus possède des propriétés qui en ont fait le modèle des surfaces anti-salissures, dites aussi autonettoyantes. Sa structure nanométrique particulière piège l'air et rend la surface hydrophobe. Les saletés ne peuvent y adhérer et les salissures qui s'y déposent sont facilement emportées par les gouttes de pluie qui roulent sur la surface. Le revêtement extérieur Lotusan de la société Sto utilise les mêmes principes de microstructures pour retrouver toute sa propreté après la pluie. En reproduisant à l'échelle nanométrique la texture de la feuille de lotus, on peut rendre un textile autonettoyant et faire l'économie des détergents toxiques jusque-là nécessaires au lavage des surfaces externes.

Le fait que la nature est une source d'inspiration s'accompagne parallèlement d'une réflexion sur la question de l'utilisation des ressources qui en sont issues. Au-delà d'une technicité toujours plus poussée des matériaux, réclamée par l'usage et la nécessité d'innovation technologique du secteur industriel, le concept de développement durable entre dans le cahier des charges de la composition des nouveaux textiles. Il est devenu même l'un des objectifs prioritaires des centres de recherche textile en Europe quel que soit le secteur d'application, ce qui se traduit par un effort d'investissement dans la recherche sur les propriétés recyclables, la biodégradabilité des fibres, la diminution des déchets liés à leurs traitements chimiques et la réduction de la consommation d'énergie.

LE TEXTILE ET SA CONTRIBUTION À LA CONSTRUCTION DURABLE

Aujourd'hui, comme l'affirme Philip Drew, le léger et le renouvelable sont devenus les deux mots clés d'une architecture responsable sur le plan écologique. Le développement durable, une préoccupation majeure pour l'ensemble des secteurs industriels, représente l'un des objectifs prioritaires des centres de recherche textile. Quel que soit le secteur d'application, l'offre de produits durables est caractérisée par deux tendances globales relatives à la protection de l'environnement et à la réduction de la consommation d'énergie. La recherche se concentre sur la biodégradabilité des fibres, sur la volonté de limiter le nombre de matières différentes utilisées pour la synthèse d'un produit et sur la recyclabilité.

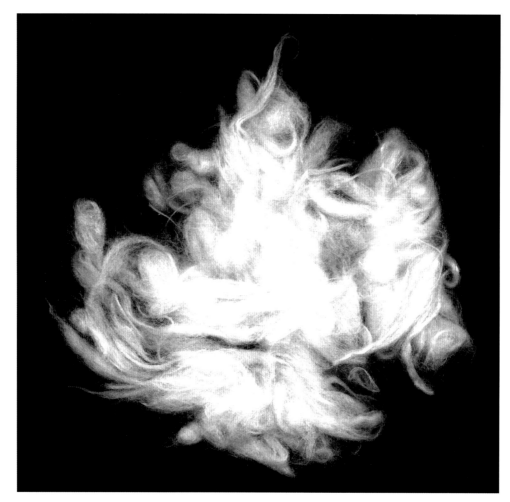

Ci-dessus : Fibres recyclées.   Ci-dessous : Granulés de vinyle plastifié recyclés.

BIODÉGRADABILITÉ ET LIMITATION
DES PRODUITS CHIMIQUES

L'utilisation de fibres naturelles d'origine végétale se développe pour donner naissance à de nouvelles matières. Composées de polymères à base de maïs comme l'acide poly-lactique (PLA), les nouvelles générations de sacs jetables, mais aussi de stents en chirurgie, à savoir des tubes que l'on place dans les artères, voient le jour.

Le chanvre, qui permet d'obtenir des textiles de très bonne qualité et recyclables, est l'objet de nouvelles attentions. Capable d'offrir une isolation phonique et thermique efficace, il possède des vertus ininflammables, résiste bien à l'humidité, éloigne certains organismes et stocke le CO_2. C'est pour ces raisons que la France, par exemple, a intégré les plantes dans un projet de loi sur les biomatériaux renouvelables dans le bâtiment, projet adopté par l'Assemblée nationale en octobre 2008. Le développement du polypropylène – facilement recyclable et dont la qualité est accrue par les progrès de l'éco-conception dans la plasturgie – en est une autre illustration.

La recherche portant sur la diminution des déchets liés aux traitements chimiques des fibres et des textiles concerne en outre l'ensemble des acteurs. D'importants efforts sont fournis pour minimiser la pollution liée à cette activité ou rendre les déchets émis plus facilement traitables, ce qui se traduit, entre autres, par une incitation à la limitation du recours au formol, mais aussi par l'utilisation de nouvelles technologies de fabrication telles que le développement de la mise en œuvre par voie gazeuse qui limite le nombre de bains chimiques plus polluants.

D'autres démarches significatives, initiées par le groupe Serge Ferrari, comme la récupération et la réutilisation des éléments constitutifs du PVC, sont rendues possibles depuis 1998. Le recyclage des matériaux est l'une des étapes fondatrices de la construction durable.

LE RECYCLAGE

L'élément central de la politique de développement durable du tisseur français du groupe français Serge Ferrari est l'invention, la mise au point et l'application industrielle d'un procédé de recyclage des textiles composites, Texyloop, mis en place en 2000. Ce procédé permet de recycler des membranes et débouche sur la création de nouvelles matières, dont une partie est ensuite réintroduite dans le processus de fabrication des membranes : c'est la boucle Texyloop. En 2002, Ferrari ouvre son unité industrielle de recyclage en Italie. Plus de 90% de ses gammes peuvent y être traitées. Les matériaux recyclés entrent ensuite dans la composition des produits de plusieurs références.

Pour alimenter cette technologie, Serge Ferrari a également pris l'initiative de créer le premier réseau européen de collecte de toiles en fin de vie, opératoire depuis 2007, auquel adhère et participe, par exemple, le réseau des Relais textiles techniques. Le groupe encourage les initiatives de réemploi initiées par d'autres entreprises, comme Freitag en Suisse et Reversible en France. La mise en pratique de cette boucle de recyclage systémique implique une analyse du cycle de vie (ACV), méthode normalisée (ISO 14040-14043) constituée d'un groupe d'indicateurs de l'impact environnemental qui renseignent sur l'ensemble des ressources consommées, mesurent les substances polluantes émises au cours de la synthèse du textile et permettent de déterminer la durée d'utilisation d'un produit, son élimination ou le recyclage de ses déchets.

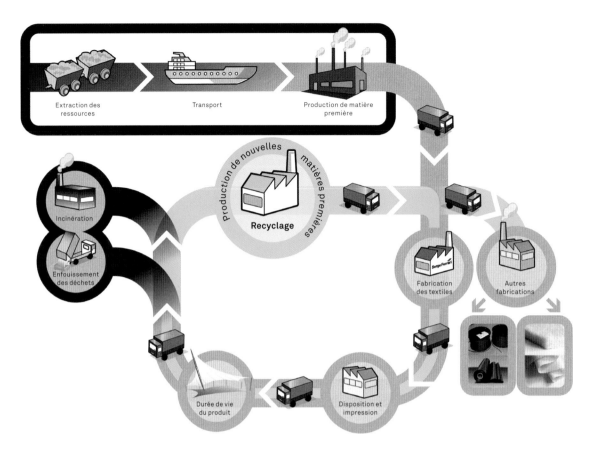

Les ACV, qui font l'objet d'une double vérification par des organismes internationaux indépendants comme l'Evea (France) et le Ciraig (Canada), démontrent systématiquement que l'essentiel des impacts, en moyenne 80%, correspond à l'extraction et la production des matières premières. Le recyclage des produits et la création des nouvelles matières premières qui en sont issues sont donc décisifs pour réduire significativement l'ampleur des conséquences environnementales. Dans le cas des membranes textiles Serge Ferrari, l'ACV réalisée pour le produit Batyline met en lumière l'efficacité de l'initiative Texyloop, en révélant que la réutilisation s'avère extrêmement rentable en termes de limitation des effets nocifs et de compatibilité avec le développement durable. Mais l'économie d'énergie est également directement induite par la durée de vie des matériaux.

LE CONCEPT DE DURABILITÉ

La durabilité d'un ouvrage est à considérer du point de vue de son intégrité structurelle et des garanties contractuelles, mais concerne également son aspect esthétique dans le temps. La performance sur le long terme des caractéristiques mécaniques d'une membrane composite est directement proportionnelle à l'épaisseur de la couche d'enduction à la crête des fils. Il ne s'agit plus de produire en très grande quantité des produits jetables et renouvelables, qui subiront, en fin de vie, un enfouissement, une incinération, un abandon « sauvage » ou le brûlage à l'air libre, mais d'accroître la durée de vie du matériau, ou de le rendre modulable et transformable. Là aussi, le groupe Serge Ferrari se positionne comme un acteur innovant avec, notamment, sa gamme de membranes Précontraint qui ont une durée de vie considérablement prolongée grâce à une couche protectrice extrêmement efficace. Lors de la phase d'enduction, le tissu

Textiles et membranes en composite PVC

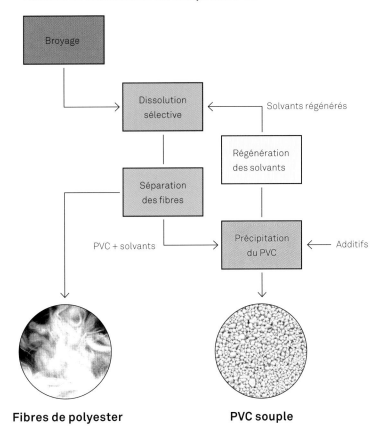

Fibres de polyester PVC souple

est ordinairement maintenu en tension uniquement dans le sens de la chaîne. La technologie Précontraint consiste quant à elle à maintenir les fils du tissu en tension dans les directions de la chaîne et de la trame. Maintenu très plat au moment de l'enduction, le tissu atteint un excellent niveau de protection des fils en crête comme en creux et avec une épaisseur limitée, caractéristique qui a un impact direct sur son poids. Si ces performances facilitent une mise en œuvre en architecture – les déformations sont en effet aussi aisées à calculer dans les deux directions – elles contribuent également à améliorer la qualité environnementale de l'ouvrage, notamment en ce qui concerne l'économie d'énergie.

LE TEXTILE ET SA CONTRIBUTION À L'ÉCONOMIE D'ÉNERGIE

Les propriétés particulières des textiles intégrés dans les bâtiments peuvent aussi contribuer à la construction durable en exerçant une influence sur le bilan énergétique global. Les qualités de transparence, de translucidité, d'isolation et de protection solaire de certains textiles en font des atouts pour les bâtiments à faible consommation énergétique. Chez Serge Ferrari, la fonction LowE est obtenue par l'application calibrée d'un traitement aluminisé sur la toile qui lui permet d'agir comme une barrière thermique : le textile conserve la chaleur en hiver et la fraîcheur en été, favorisant un usage modéré du chauffage ou de la climatisation. Cette fonction vient renforcer les autres solutions thermiques déjà fournies par les membranes souples utilisées notamment pour les stores de bâtiments pérennes ou démontables. Le niveau de translucidité de la toile n'est en outre pas diminué, ce qui a pour avantage de conserver un apport en lumière naturelle. L'exposition internationale de Shanghai en 2010 a offert de nombreux exemples d'architectures durables grâce à l'emploi de textiles. On accédait à l'exposition « la maison de bambou » proposée par le pavillon de Madrid, en pénétrant dans l' « Arbre de l'air », œuvre bioclimatique imaginée par le studio madrilène Ecosistema Urbano Architecture, qui utilise, pour fonctionner, l'énergie du vent et du soleil. Les stores en screens Soltis 86 et 92 de Serge Ferrari s'inclinent en fonction de l'intensité de la lumière, observant ainsi le rythme plus ou moins lent d'une structure végétale animée par les aléas de son environnement. La nuit venue, ils se rétractent pour laisser apparente une écorce en screens Soltis B92 occultée jusque-là, douée de pouvoirs thermiques isolants et apte à dissimuler partiellement l'extérieur, créant ainsi un nouvel espace intermédiaire. La translucidité et la qualité lumineuse du cœur de l'arbre sont induites par une dernière enveloppe réalisée en tissu Ferrari Précontraint 402, qui possède en outre d'importantes vertus mécaniques de résistance et de tenue. La toiture est quant à elle composée d'une membrane de Précontraint 702 S opaque et imprimée côté ciel, tandis qu'au verso, un voile de screens Soltis 86 ajouré laisse visibles les motifs qui ornent la voute d'étoffe tout en protégeant le visiteur de la chaleur due au rayonnement zénithal.

Le pavillon allemand à Shanghai aborde de front la problématique de la construction durable : à l'image d'un urbanisme dynamique, ce pavillon reflète la diversité de la vie dans les villes et les campagnes allemandes. Les quatre grandes structures d'exposition – imbriquées les unes aux autres – symbolisent la solidarité. Individuellement, chacune serait en situation d'équilibre précaire ; en interaction, elles arborent un équilibre parfait. Cette interdépendance met en exergue les liens entre espaces intérieurs et extérieurs, jeux d'ombre et de lumière, bâtiment et nature, paysages urbains et ruraux. L'équilibre des villes passe également par la responsabilité écologique. Le fait d'avoir choisi comme textile pour la façade le Stamisol FT de Serge Ferrari, éco-conçu, durable et 100% recyclable, est un facteur déterminant pour la cohérence du projet.

Pavillon de Madrid à l'Expo Shanghai 2010.

Pavillon allemand à l'Expo Shanghai 2010.

CONCLUSION

Le xxᵉ siècle a été révolutionnaire pour le textile, qui est alors sorti d'un usage domestique, certes élargi, pour atteindre un usage industriel qui a donné naissance à une infinité d'emplois. La complexification de la synthèse de la fibre et de sa fabrication en a indubitablement fait une haute technologie, si bien que le textile semble omniprésent, même là où on ne l'attend pas. Alors qu'il pourrait de plus en plus apparaître comme un matériau relevant du BTP au même titre que le béton ou les armatures d'acier, les préoccupations de notre temps le réinvestissent d'un élément essentiel : celui de la nature. Que ce soit pour l'imiter ou pour le respecter, la recherche textile l'observe et lui rend hommage. Si l'on en croit Philip Drew, qui place le textile au cœur de la problématique de la modernité en architecture, et les efforts consentis par tous les industriels pour en faire l'élément central d'un nouvel urbanisme conscient de son impact sur l'environnement, ce matériau n'aurait-il pas toutes les chances de passer du statut – vestimentaire – de seconde peau à celui de second toit, à la fois protecteur et inspirant ?

Le « Tubaloon », scène temporaire pour un festival de musique à Kongsberg, Norvège.

BERNARD MAURIN
et RENÉ MOTRO

ARCHITECTURE TEXTILE

PROCESSUS DE CONCEPTION

L'idée initiale d'un projet d'architecture textile apparaît au cours des premières rencontres entre l'architecte et l'ingénieur. La richesse morphologique de tels projets réside dans les variations de courbure des formes, par opposition aux lignes droites et orthogonales de l'architecture classique. Cependant, les règles de construction sont sensiblement différentes en ce qui concerne la réalisation et le comportement mécanique : les membranes textiles sont précontraintes pour garantir leur rigidité, et un objectif important est de coordonner les forces internes et les courbures pour chaque matériau. Ceci explique la nécessité d'un travail collaboratif entre les architectes et les ingénieurs dès les premières étapes du processus de conception, afin de pouvoir offrir les meilleures possibilités morphologiques, tout en assurant la faisabilité du projet.

Les premières esquisses sont successivement formalisées par l'architecte, afin de définir la forme globale et les composants importants, tels que les mâts principaux (2.1).

2.1

Membrane en « double chapeau chinois » ;
solution autonome ; premières esquisses et maquettes.

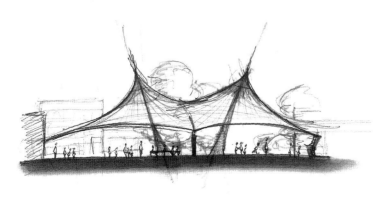

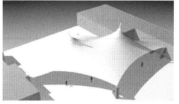

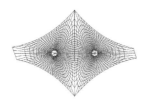 

Processus de recherche de forme avec un logiciel spécialisé.

En se basant sur ces premières esquisses, l'ingénieur doit modéliser le projet au cours du « processus de recherche de forme », grâce à des méthodes numériques. Divers logiciels personnalisés ou disponibles à la vente peuvent être utilisés à cet effet. Tous les points fixes doivent être définis au cours de cette étape de recherche de forme (2.2).

Le dimensionnement de la membrane est déterminé par une étude de résistance mécanique aux actions externes, qui sont définies par rapport aux normes en vigueur. Il est important de souligner que les charges climatiques, telles que la neige et le vent, sont prises en compte grâce à la combinaison de leur action avec celle de la précontrainte de la membrane. Une étape importante des études d'ingénierie consiste à établir le « patron » : le concepteur doit définir la géométrie des bandes plates qui, une fois assemblées, constitueront la surface courbe. De nombreux critères doivent être examinés, tels que l'esthétique, la durabilité ainsi que les propriétés orthotropes du textile. Différentes méthodes sont utilisées pour obtenir une forme correspondant à la morphologie initiale avec des dimensions réduites, ce qui permet de générer une précontrainte lors de l'assemblage des pièces, en accord avec les niveaux fixés lors des calculs de comportement mécanique (2.3).

2.3

 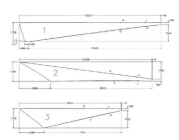

Découpe, soudage et assemblage des pièces en atelier.

La membrane peut ensuite être transportée sur le site, positionnée, fixée aux mâts principaux et aux autres points d'ancrage, avant que l'application de la précontrainte calculée ne permette d'obtenir la morphologie désirée (2.4).

2.4

Mise en place finale.

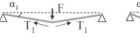

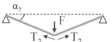

Câbles et poutre : la tension T serait infinie dans le cas de câbles.

La disposition en V comme modèle élémentaire de la courbe.

PRINCIPES ÉLÉMENTAIRES DE CONCEPTION

Les textiles architecturaux, lorsqu'on les utilise pour construire des membranes ayant une forme particulière, sont soumis à une tension avant que ne leur soient appliquées les charges externes ; cette tension est appelée précontrainte initiale ou prétension. La rigidité totale de la membrane dépend par ailleurs de sa courbure en chaque point. La courbure et la précontrainte sont les principales caractéristiques de la conception de membranes. En comparaison avec une étude d'ingénierie classique, l'élaboration d'une membrane présente deux importantes étapes spécifiques :

- le processus de recherche de forme consiste à définir la géometrie de la surface, qui est directement liée à la répartition de la précontrainte ;
- l'étape de création du plan de découpe permet de définir la géométrie des pièces plates qui seront assemblées pour former la surface courbe définie au préalable.

Une approche d'ingénierie classique est ensuite mise en œuvre, en prenant en compte l'une des spécificités de la membrane : l'utilisation en compression est impossible car elle crée des plis. Il est également important de relever que l'effet conjoint des charges climatiques et de la précontrainte n'est pas la somme de leurs incidences séparées, mais une combinaison de celles-ci, résultant généralement en une valeur inférieure à celle obtenue par leur simple addition.

La fabrication de la membrane est également très importante ; comment concevoir et dimensionner les pièces plates, afin de réaliser la forme voulue une fois qu'elles sont assemblées et soudées sur site, est une problématique fondamentale.

ÉQUILIBRE DES CÂBLES ET MEMBRANES EN CHARGE

Dans la mesure où il est possible de modéliser une membrane par un filet de câbles, il est utile d'étudier le comportement d'un câble qui ne travaille qu'en tension, comme c'est le cas d'une corde dans un jeu de tir à la corde. Sans tension, le câble est détendu, il n'est plus rectiligne, ce qui créerait des plis dans la membrane modélisée. De manière théorique, des câbles droits horizontaux ne peuvent pas résister à une force verticale F alors qu'une poutre le peut, grâce à la flexion (2.5). Il est cependant possible de reprendre une force verticale avec un câble en utilisant une disposition « en V ». La disposition en V d'un câble est équivalente à la courbure d'une membrane. La courbure dépend de la valeur de l'angle initial α. Si α augmente, la tension diminue ($T_2 < T_1$) et comme la déformation du câble associé diminue, la rigidité augmente (2.6). Par analogie, une membrane plane ou presque plane présente une rigidité nulle ou très faible. La courbure est donc nécessaire à la rigidité, et les normes locales imposent des valeurs minimales pour celle-ci.

COURBURE

La définition de la simple courbure d'une courbe plane, Cp est basée sur les propriétés du cercle défini par trois points M, M' et M'' situés sur cette courbe. En termes géométriques, on sait que si l'on rapproche les points M' et M'' de M, on obtient un cercle unique de rayon R dont la tangente est confondue avec celle de la courbe (2.7).

R est le rayon de la courbe en un point M et $\rho = 1/R$ en est la courbure. Si R augmente, ρ diminue, c'est-à-dire qu'une courbe plane a une courbure nulle et un rayon infini. La courbure est définie pour chaque point de Cp.

2.7

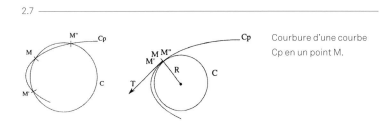

Courbure d'une courbe Cp en un point M.

Dans le cas des surfaces de membranes en trois dimensions, on définit habituellement leur double courbure en chaque point.

2.8

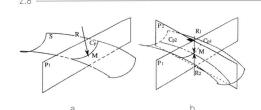

a   b

Double courbure d'une surface en chaque point M.

Il est possible de définir la courbure de la courbe Cp, générée par l'intersection d'une surface courbe S et d'un plan P_1, le rayon de courbure R étant défini comme précédemment en un point M pour une courbure simple plane (2.8 a).

Selon la théorie géométrique, il existe seulement deux plans orthogonaux P_1 et P_2 pour lesquels R_1 (en P_1) est maximum et R_2 (en P_2) est minimum (2.8 b). Ces plans P_1 et P_2 définissent la direction des courbures principales ; R_1 et R_2 sont les principaux rayons de courbures correspondants.

Le paramètre $K = 1/R_1 \cdot 1/R_2$ $(= \rho_1 \cdot \rho_2)$ exprime la courbure totale au point M. Si les centres des cercles de rayon R_1 et R_2 ne sont pas du même côté de la surface, on obtient une forme anticlastique, à savoir une double courbure négative avec $K < 0$. Si les centres des cercles sont du même côté de la surface, on obtient une forme synclastique, c'est-à-dire une double courbure positive avec $K > 0$.

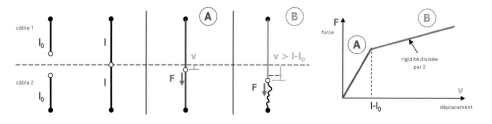

Précontrainte :
le cas d'un câble double.

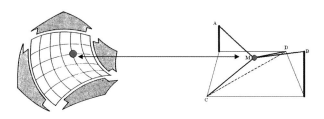

Surface anticlastique et
modélisation de la dou-
ble courbure en un point
quelconque.

PRÉCONTRAINTE

Considérons deux câbles de longueur initiale l_0. L'une de leurs extrémités est fixe et les deux autres sont reliées entre elles, si bien que chacun des deux câbles ait une longueur l. Dans la mesure où l est supérieure à l_0, il est nécessaire, pour assembler les câbles, de les déformer en les allongeant et, par conséquent, en introduisant une précontrainte dans les câbles. Si l'on applique une force F au nœud de jonction, l'équilibre initial entre les deux câbles est modifié jusqu'à une valeur critique du déplacement v, égale à $l-l_0$ (situation A dans 2.9). Au-delà de cette valeur spécifique, le câble inférieur se détend et ne contribue plus à l'équilibre (situation B dans 2.9). La rigidité, qui correspond à la force divisée par le déplacement ou encore à la pente de la courbe de rigidité, est deux fois moins importante dans la situation B que dans la situation A.

COMBINAISON DE LA PRÉCONTRAINTE
ET DE LA COURBURE

Pour chaque point d'une membrane anticlastique, il est possible de modéliser la double courbure grâce à deux formes en V précontraintes et opposées (AMB et CMD dans 2.10), la rigidité étant assurée dans toutes les directions.
Une action combinée de la courbure et de la précontrainte est alors possible, afin d'obtenir un comportement efficace lorsque l'on ajoute les forces dues aux charges climatiques. Les normes locales peuvent imposer une valeur minimale du niveau de précontrainte. Cependant, dans la mesure où c'est la seule contrainte permanente au sein de la membrane, une valeur maximale doit être prise en compte, en fonction des résistances en tension et en fatigue du textile utilisé. En pratique, la valeur de précontrainte est comprise entre 100 et 300 daN/m. L'objet de ce chapitre n'est pas d'approfondir davantage les relations entre les valeurs de précontrainte et les rayons de courbure. Cependant, les lecteurs intéressés peuvent consulter la littérature scientifique (voir la bibliographie, page 228).

Recherche de forme par la technique des films de savon (ILEK, Stuttgart, Allemagne).

LA RECHERCHE DE FORME

La détermination de la forme d'une surface de membrane fixée en des points définis est restée longtemps une question épineuse[1]. Il est nécessaire d'introduire en outre la notion de précontrainte, dont le niveau doit être dosé afin d'éviter les plis ou les tensions excessives, tout en offrant une rigidité adéquate contre les charges climatiques. Afin de pouvoir évacuer l'eau, le concepteur doit vérifier les pentes en tout point, tout en gardant à l'esprit l'aspect esthétique désiré.

La première étape consiste à définir les points d'ancrage et les lignes : sommet d'un mât, points fixes (au sol, sur un mur…), lignes droites, lignes circulaires (anneau sommital) et périmètre pour les membranes pneumatiques. Une fois ces conditions aux limites établies, le processus de recherche de forme se déroule selon deux objectifs : la définition de la surface et la distribution de la précontrainte, sans perdre de vue les aspects spécifiques du projet.

Autrefois, les concepteurs utilisaient des méthodes de morphogénèse reconnues, basées sur la géométrie classique et sur des modèles physiques (« modèles historiques »). De nos jours, bien que les modèles physiques soient acceptables pour des études préliminaires, les méthodes employées sont des « méthodes numériques ».

MÉTHODES ANALOGIQUES

L'exigence principale étant la surface à double courbure anticlastique pour les membranes classiques, les premiers concepteurs se servaient de diverses stratégies géométriques :

- combinaison de surfaces connues ;
- déplacement de courbes, dont l'une est appelée « ligne directrice » et l'autre « ligne génératrice ;
- méthodes analytiques, telles que l'équation d'une sphère ou l'utilisation de « splines », à savoir des courbes utilisées dans l'architecture navale ou l'industrie automobile.

Des précurseurs comme Frei Otto ont travaillé avec des modèles physiques, principalement les films de savon se formant à l'intérieur d'une structure[2] (2.11). Ces films, soumis à une tension de surface, ont un intérêt majeur puisqu'ils présentent une surface minimale et une précontrainte quasi homogène, conformément aux exigences de conception des membranes. Il faut cependant souligner que la reproduction géométrique des films de savon était difficile et que le registre morphologique possible était limité, poussant les concepteurs à envisager d'autres approches. Une autre méthode consistait à créer une maquette en utilisant des textiles (2.12). Bien que ne se prêtant guère à une définition géométrique précise, elles offraient des avantages tels que la

Maquettes
en Lycra.

visualisation immédiate et la possibilité d'effectuer le découpage en pièces directement à partir de la maquette. Aujourd'hui, elles sont toujours utilisées couramment dans les phases initiales de conception.

MÉTHODES NUMÉRIQUES

Par la suite, diverses méthodes numériques ont été élaborées afin de surmonter les difficultés rencontrées avec les modèles physiques. K. Linkwitz, qui a participé au projet du stade olympique de Munich de Frei Otto (1972, voir 2.13), a proposé la « Force Density Method » (FDM), développée en collaboration avec H.-J. Schek[3]. Ce procédé consistait à modéliser la membrane au moyen d'un filet de câbles en traction et à effectuer des calculs permettant de résoudre les équations d'équilibre à l'aide d'une linéarisation définie : l'ingénieur détermine le « coefficient de densité de la force », à savoir le rapport entre la tension et la longueur de chaque élément de câble connecté à un nœud du filet. Pour des conditions aux limites identiques, différents choix de coefficients permettaient d'obtenir différentes formes. Cette méthode facile à mettre en œuvre a été rapidement adaptée à la recherche de forme des membranes en traction, malgré certaines différences : distinction entre la géométrie des câbles en traction et celle des membranes, sensibilité aux conditions d'ancrage, possibilité de calcul des tensions dans des portions de câbles, mais pas dans des membranes. Certaines améliorations ont donc été proposées, comme par exemple la « méthode de la densité de surface ». Une autre méthode appréciée, proposée par M. Barnes, est celle de la «relaxation

 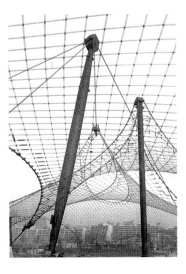

Méthode de densité des forces pour la recherche de forme des filets de câbles. À gauche, processus de recherche de forme ; à droite, réalisation.

dynamique »[4]. Elle permet de résoudre les équations d'équilibre en calculant une géométrie amortie grâce à un processus utilisant ce que l'on appelle « l'amortissement cinétique ». L'un des principes importants de cette méthode est qu'elle est basée sur la modélisation de la surface d'une membrane et qu'elle permet au concepteur de contrôler la précontrainte, par exemple en spécifiant un état de précontrainte uniforme, tel qu'il existe sur les films de savon. Une méthode plus classique, celle des éléments finis (FEM), peut également être utilisée pour la modélisation de la surface[5, 6]. Deux stratégies sont possibles :

– une forme initiale « proche » de celle recherchée est définie et progressivement modifiée par le déplacement des conditions d'ancrage. Il est cependant difficile d'évaluer la forme et les tensions obtenues, la forme résultante n'étant pas toujours satisfaisante, par exemple en raison des zones en compression, et cela peut conduire à des calculs complexes ;
– une forme initiale est définie et la distribution de la traction est spécifiée. Là aussi, il est difficile d'évaluer la forme obtenue et il est nécessaire de déterminer la compatibilité des tensions avec une forme équilibrée.

Une autre approche efficace, également basée sur la modélisation de surface et appelée « Update Reference Strategy » (stratégie d'actualisation des références), a été développée plus récemment par K.-U. Bletzinger[7].

CONCEPTION DU PATRON

À l'instar des vêtements fabriqués à partir de pièces de tissus assemblées, la réalisation d'une membrane, résultat du processus de recherche de forme, nécessite la définition d'un patron de découpe pour les pièces plates. Ce procédé est complexe car de nombreux paramètres doivent être pris en compte. Le premier concerne la spatialité de la forme : les lignes de découpe sont définies en trois dimensions, afin de générer des pièces de tissu à assembler. Cependant, les formes ainsi définies ne sont pas planes et doivent être ramenées « à plat », afin que le fabricant puisse les découper à partir de rouleaux de matériau standard. De plus, pour obtenir la précontrainte nécessaire, la taille des pièces doit être réduite avant l'assemblage final par soudage thermique. Cette réduction de taille demande une très bonne connaissance des paramètres géométriques et des caractéristiques mécaniques du textile utilisé, qui est lui-même un matériau orthotrope. Une mauvaise définition du patron peut provoquer des plis dans la toile ou dans les zones de précontrainte insuffisante. Bien que le concepteur ait recours à divers logiciels, ce sont principalement son savoir-faire et son expérience qui conditionnent le succès de cette opération. La conception du patron comprend trois opérations : le choix de l'emplacement des lisières, la projection à plat des lignes courbes ainsi que la compensation de la tension par réduction de la taille.

LISIÈRES

Pour choisir l'emplacement adéquat des coutures et des lignes de découpe, le concepteur doit tenir compte de différents paramètres, qui peuvent être répartis ainsi :

– la technologie : taille des rouleaux de textile (1,8 m de largeur, par exemple), équipement du fabricant (machines de soudage) ;

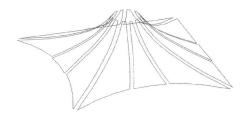

a Bandes radiales
b Membrane pour un delphinarium (Parc Astérix, Paris, France).

- le coût : un nombre élevé de coutures permet une plus grande exactitude, mais engendrera de nombreuses pertes de matériau lors de la découpe ;
- la géométrie : les degrés de courbure définissent le niveau de difficulté pour le développement de la surface en deux dimensions. Ainsi, une courbure importante dans une zone entraîne la découpe d'un plus grand nombre de pièces ;
- la mécanique : une bonne connaissance des orientations des contraintes principales est nécessaire, afin de bien positionner les directions chaîne et trame du matériau, sachant que le sens de la chaîne apporte plus de solidité et de rigidité. Des zones spécifiques, principalement aux extrémités, peuvent également intervenir dans le choix, par exemple pour la connexion entre la membrane et des câbles ou des anneaux rigides. Une configuration commune est basée sur l'utilisation de bandes radiales (2.14 a) ;
- le comportement du tissu : caractéristique de sa nature orthotrope ;
- l'esthétique : le rythme visuel généré par la disposition des lignes, souvent essentiel du point de vue de l'architecte (2.14 b).

Le choix final est le résultat de compromis entre ces différents paramètres. De manière pratique, deux stratégies sont mises en œuvre pour déterminer les lignes de couture appelées lisières :

- l'utilisation de lignes géodésiques qui représentent le chemin le plus court entre deux points, soit l'équivalent d'une ligne droite sur une surface courbe ;
- l'utilisation de l'intersection de la surface avec des plans, c'est-à-dire les découpes suivant des surfaces verticales.

Lors de l'assemblage de pièces de grande taille, le concepteur doit également veiller à ce que le nombre et la longueur des lignes de raccord soient égaux au sein des éléments à assembler.

PROJECTION

L'objectif de la projection est de déterminer la surface plane développée, ou le développement en deux dimensions, de chacune des pièces de la membrane de façon à ce qu'en les assemblant, on obtienne la forme en trois dimensions résultant du processus de recherche formelle. La variation de la courbure totale K, préalablement définie comme une caractéristique géométrique d'une surface, implique qu'il n'y a pas de solution théorique exacte pour les membranes à double courbure. La différence des valeurs de K montre la difficulté de transformer une surface courbe en une surface plane et vice versa. Avec une feuille de papier, il est possible de générer un cône ou n'importe quelle autre surface développable, mais il est impossible de créer une sphère. L'exemple des cartes représentant la Terre illustre cette impossibilité. Dans la

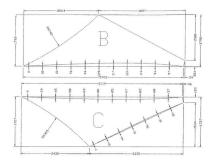

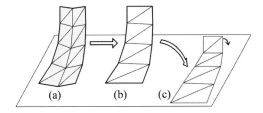

Projection par triangulation simple.

mesure où il n'y a pas de solution exacte, il existe différentes approches de représentation :
- la projection équivalente (conservation des surfaces) ;
- la projection équidistante (conservation des longueurs) ;
- la projection conforme (conservation des angles, par exemple la projection Mercator).

Il est cependant impossible de conserver à la fois les surfaces et les longueurs pour une surface non-développable. Le concepteur doit donc faire face à la difficulté de transformation d'une pièce courbe en une surface plane dans une opération appelée « projection », où encore « mise à plat ». Différentes approches basées sur diverses techniques d'optimisation peuvent être envisagées afin de minimiser les risques d'erreur. On peut affirmer que la projection est plus souvent source d'erreurs que la recherche de forme. La méthode la plus évidente consiste à utiliser une simple triangulation (2.15).

COMPENSATION

Si la taille des pièces était strictement égale aux dimensions mesurées à la surface, la membrane formée par l'assemblage de ces éléments, une fois installée sur le site, ne serait pas précontrainte. Il est donc nécessaire de réduire la taille des pièces au cours d'une étape de « compensation ». À cet effet, différents facteurs doivent être pris en compte :

- la distribution de la précontrainte d'après les valeurs définies lors de la recherche de forme et le comportement du textile, observable lors de tests biaxiaux, dans les directions de la chaîne et de la trame selon des paramètres mécaniques ;
- la compensation (0,2% à 5%), variable suivant la direction de la chaîne et de la trame ainsi qu'en fonction de l'orientation du matériau par rapport aux coutures ;
- l'éventuelle compensation ou décompensation locale, suivant le contexte ;
- le comportement sur le long terme et les déformations à la suite de variations de la précontrainte après l'installation. Il est généralement nécessaire de retendre la membrane quelques mois après le montage.

Il apparaît clairement que l'élaboration du patron est une étape critique au sein de la conception. Des erreurs peuvent survenir lors de la détermination de l'emplacement des lisières, lors de la projection des surfaces de développement ainsi que lors de la compensation. La complexité de ces étapes peut causer des difficultés de montage, entraîner l'apparition de plis inesthétiques ou provoquer des comportements mécaniques indésirables suite à un état de précontrainte inapproprié.

 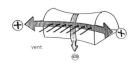

ANALYSE DES CONTRAINTES

Comme dans toute construction, l'ingénieur doit effectuer une analyse mécanique de la membrane soumise à des actions diverses. Les principales actions externes sont dues aux conditions climatiques, à savoir la neige et le vent, et combinées à l'effet de la précontrainte interne. De cette analyse découlent les informations suivantes :

- la déformation de la membrane : définit la flèche maximale, généralement limitée par les codes locaux applicables ;
- la contrainte maximale de la membrane : détermine la résistance minimale que le matériau doit supporter et, par conséquent, le type de textile à choisir ;
- la direction des contraintes dans la membrane : influence le positionnement des coutures et le soudage des pièces contiguës ;
- les contraintes internes maximales des câbles de rive : permet le choix du diamètre minimum ;
- les forces exercées sur les supports : interviennent lors du dimensionnement des composants principaux de la structure. Exemples : la compression dans les mâts, la traction dans les haubans, les contraintes dans les poutres, les efforts dans les ancrages, etc.

L'interaction entre la double courbure et la précontrainte est prise en compte dès l'étape de conception. Les deux directions de la courbure permettent de compenser les actions dues au vent ou à la neige. La déformation de la membrane suite à l'application d'une force spécifique crée des variations de la précontrainte (2.16) :

- la tension augmente dans une direction et diminue dans l'autre ;
- si la membrane reste en tension suivant les deux directions, toutes deux contribuent à la rigidité ;
- des problèmes peuvent apparaître lorsque la valeur de la tension inférieure s'annule : des plis apparaissent et conduisent à l'instabilité de la membrane.

En principe, le niveau de précontrainte permet de garantir l'absence de plis. Cependant, il se peut que la surface se plisse suite à des conditions climatiques extrêmes, par exemple lors d'une tempête.

La rigidité d'une membrane textile est bien sûr inférieure à celle des structures en acier ou en béton. Elle dépend également des niveaux de précontrainte. De plus, comme les valeurs des déplacements peuvent être élevées, il est nécessaire de recourir à une analyse non linéaire « géométrique ».

En raison du comportement non linéaire des textiles, il faut en outre actualiser la rigidité en fonction de la déformation grâce à une analyse non linéaire du matériau. Par conséquent, il est obligatoire de toujours procéder à une telle étude en utilisant un processus itératif numérique dans lequel la charge est appliquée graduellement par incrémentation.

CALCUL DES EFFETS DE LA NEIGE

La neige est considérée comme une charge verticale, uniformément distribuée sur la surface s'il n'y a aucune interaction du vent, c'est-à-dire aucun mouvement de la neige sur la membrane. Les valeurs minimales à prendre en compte sont édictées par les normes locales.

Le calcul numérique du comportement sous l'effet de la neige ne représente pas de difficulté majeure, tant qu'il n'y a pas de plissements de la membrane générant des instabilités.

2.17

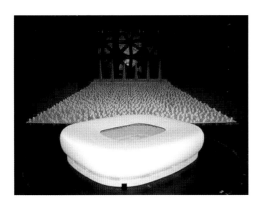 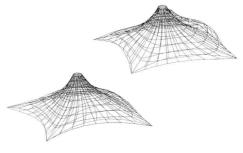

Études des effets du vent en soufflerie et par modélisation d'un filet de câbles.

CALCUL DES EFFETS DU VENT

L'effet du vent, considéré comme un fluide, est toujours perpendiculaire à la surface. Cependant, l'interaction entre le vent et la forme de la structure génère des zones de surpression et de dépression. Comme dans le cas d'un bâtiment conventionnel, il est nécessaire de cartographier les coefficients de pression extérieure C_e sur les faces externes du bâtiment, qui sont ensuite combinés à l'effet du vent à l'intérieur du bâtiment, c'est-à-dire l'arrachement dû au vent, caractérisé par le coefficient de pression interne C_i.
Il est cependant difficile en général d'évaluer l'interaction entre la membrane et le vent.
Il existe différentes approches pour la détermination des coefficients C_e et C_i :

- le test des maquettes en soufflerie (2.17) qui permet de bons résultats, mais dont le procédé est onéreux et où les effets d'échelle peuvent être source d'erreurs ;
- l'estimation empirique des coefficients C_e et C_i, spécifiques à la membrane considérée et dépendante de l'expérience de l'ingénieur ;
- une valeur constante de C_e et C_i sur toute la membrane qui n'est judicieuse qu'à condition de choisir la valeur la plus défavorable ;
- le calcul de C_e et C_i par ordinateur grâce à un logiciel adapté, nécessitant cependant une analyse approfondie du résultat.

AUTRES ACTIONS

D'autres configurations de charges sont parfois étudiées, comme dans les analyses dynamiques de tremblements de terre ou de vibrations naturelles dues au vent. Des hypothèses spécifiques doivent également être posées pour le dimensionnement de membranes gonflables pour obtenir, par exemple, une pression ou un volume constant. La procédure de montage peut également donner lieu à une étude spécifique si elle génère des situations mécaniques dangereuses ; ceci dépend principalement du contexte local.

CONCLUSION

La conception de membranes textiles fait appel à l'expertise des concepteurs à toutes les étapes : les premières esquisses, la recherche de forme, la conception du patron et l'analyse des contraintes nécessitent une collaboration étroite entre les architectes et les ingénieurs. Avec un tel partenariat, on obtient généralement des résultats satisfaisants en termes d'architecture et de coût.

1   Motro, R. ; Maurin, B. : « Membranes textiles architecturales », dans : Trompette, Ph. (éd.) : *Comportement mécanique des tissés*, Cachan : Lavoisier/ Londres : Hermes Science Publishing, 2006, p. 17-70.

2   Otto, F. : *Tensile Structures*, vol. 1 et 2, Cambridge, MA : MIT Press, 1973.

3   Linkwitz, K. ; Schek, H.-J. : « Einige Bemerkungen zur Berechnung von vorgespannten Seilnetzkonstruktionen », *Ingenieur-Archiv* 40, 1971, p. 145-158.

4   Barnes, M.R. : « Applications of Dynamic Relaxation to the Design and Analysis of Cable, Membrane and Pneumatic Structures », dans : *2nd International Conference on Space Structures*, New York: Guildford, 1975.

5   Haug, E. ; Powell, G.H. : « Finite Element Analysis of Non-linear Membrane Structures », dans : *Proceedings of IASS Pacific Symposium on Tension Structures and Space Frames*, Tokyo et Kyoto, 1972, p. 124-135.

6   Haber, R.B. ; Abel, J.F., « Initial Equilibrium Solution Methods for Cable Reinforced Membranes, Part I and II », *Computer Methods in Applied Mechanics and Engineering*, vol. 30/3, juin 1982, p. 263-89 et p. 285-306.

7   Bletzinger, K.-U. ; Ramm, E. : « A General Finite Element Approach to the Form Finding of Tensile Structures by the Updated Reference Strategy », *International Journal of Space Structures*, vol. 14/2, juin 1999, p. 131-246.

BERNARD DORIEZ
et RENÉ MOTRO

DÉTAILS DE MISE EN ŒUVRE DES TEXTILES TECHNIQUES

INTRODUCTION

Les structures tendues présentent cette particularité, par rapport aux couvertures traditionnelles, de transmettre les efforts de manière très localisée à leur structure de support, en concentrant sur les points d'attache des toiles le total des efforts que la surface est amenée à équilibrer.

Devenue structurelle grâce aux résistances accrues du tissu d'armature, la membrane permet ainsi de franchir de grandes portées sans reprise de charpente. Les surfaces couvertes par la toile, entièrement libres de structure porteuse, vont donc concentrer les efforts dus aux sollicitations climatiques à leurs seuls points d'attache. Cette concentration des forces impose à l'ingénieur qui dimensionne les ancrages des membranes et au confectionneur qui les réalisera, une maîtrise du comportement des éléments qui constituent ces points particuliers.

Ce comportement des ancrages des toiles et des éléments qui les reçoivent est l'un des points les plus délicats et certainement le plus important de la réalisation d'un ouvrage comprenant une membrane de couverture. Les essais réalisés en situation d'actions extérieures réelles et l'expérience acquise lors de la réalisation de structures nouvelles peuvent véritablement enrichir la connaissance des constructeurs et de leurs ingénieurs. L'accastillage, c'est-à-dire l'équipement mécanique des points d'ancrage, avec le système de tension adéquat, sera également dimensionné et prescrit en cohérence avec les exigences de résistance et de réglages successifs de tensions.

Les exemples que nous présentons, non exhaustifs par définition, montrent certaines possibilités d'ancrage d'une membrane à sa structure porteuse. On pourra constater que l'éventail des possibilités est très vaste, ce qui rend la standardisation pratiquement impensable. Chaque ouvrage, chaque membrane avec sa forme particulière, son intégration dans le site qui les accueille, la constitution de la structure qui la reçoit, implique une réflexion du concepteur d'abord, puis de l'ingénieur afin de l'adapter aux conditions chaque fois différentes pour le dessin et pour le dimensionnement de l'ancrage.

EXIGENCES DE LA MISE EN ŒUVRE

Dans ces conditions, il apparaît nécessaire d'assurer une conception précise des pièces d'attache qui assurent la liaison entre la membrane et les composants structurels réputés fixes. Deux exigences sont au centre des préoccupations de ceux qui les dessinent :

– assurer une continuité conceptuelle et géométrique entre membrane et pièces d'attache ;
– concevoir ces pièces en prévoyant dans la plupart des cas des dispositifs de réglage de tension.

La prétension est issue d'une mise en forme caractérisée par une double courbure inverse et de la modification de cette forme (on peut parler de mise en tension) grâce aux pièces d'attache. Les dispositifs de réglage permettent d'accorder le niveau de tension réel au niveau calculé. C'est cette prétension qui confère à la membrane sa rigidité.

Une mauvaise conception et une mauvaise mise en œuvre se traduisent par une perte de rigidité, mais aussi et surtout par l'apparition de plis inesthétiques. Ces plis révélant l'existence de zones comprimées dans le textile (qui doit être tendu) sont présents pendant toute la durée de vie de l'ouvrage, alors que ceux résultant d'une action climatique (vent et/ou neige) ne sont que passagers. Ceci explique qu'il est nécessaire d'apporter un soin particulier à la conception, au dimensionnement et à la réalisation des pièces de liaison.

CLASSIFICATION DES MEMBRANES TEXTILES

Le choix d'un critère de forme des membranes textiles conduit à distinguer deux classes en fonction de leur double courbure. Les autres critères concernent les dispositifs de mise en tension et surtout la nature des ouvrages sur lesquels elles sont prétendues : points (têtes de mâts ou/et de mâtereaux), lignes (rives rigides, rives souples).

SYSTÈMES GONFLABLES

Ils correspondent morphologiquement à des systèmes à double courbure positive. Après les premières utilisations du principe des enveloppes gonflables par les frères Montgolfier et par Jean-Baptiste Meusnier en 1783, il a fallu attendre les années 1940 pour noter un développement important. On distingue les systèmes aéroportés, à double peau basse pression et ceux pour lesquels on utilise des tubes gonflés à haute pression. Ils ne sont pas traités dans ce texte. Leurs modes de liaison sont très spécifiques.

SYSTÈMES PORTÉS PAR RIVES ET POINTS

Ils correspondent morphologiquement à des systèmes à double courbure négative. La mise en prétension de ces systèmes peut être effectuée :

- avec des conditions aux limites de type linéaire rectiligne ou curviligne (réalisées avec des rives rigides et/ou des rives souples avec des câbles dits de « ralingue »). On obtient ainsi des formes plus variées qui peuvent associer la toile à d'autres systèmes (telles que les structures existantes, par exemple). Parmi les avantages de ce type de solution, on peut citer le fractionnement possible de la toile, l'accrochage d'éléments de cloisonnement, un coût d'exploitation réduit pour une bonne longévité, une facilité de démontage ainsi qu'une meilleure acoustique par rapport aux systèmes gonflables. Les calculs sont toutefois plus délicats que pour la classe des systèmes à double courbure positive. La mise en œuvre de la prétension et son contrôle doivent faire l'objet d'un soin particulier. Il est, dans certains cas, nécessaire de prévoir des engins de levage pour les ouvrages annexes comme, par exemple, les arcs tridimensionnels ;
- avec des conditions aux limites de type ponctuel par l'intermédiaire de mâts, ou de mâtereaux, et de dispositifs associés (cercles de charges, rosettes ou autres). Ce type de solution autorise des portées plus importantes et une plus grande liberté de formes tout en conservant la possibilité d'accrochage à des ouvrages existants. Les surfaces d'équilibre sont relativement complexes et font l'objet de calculs délicats. Le réglage de la prétension lors de leur mise en place demande le plus grand soin. Sur le plan architectural, les solutions de fermeture posent parfois des problèmes difficiles à résoudre. Un contrôle attentif de la prétension est, par conséquent, indispensable.

TYPOLOGIES DE MISE EN ŒUVRE

Les membranes des ouvrages comportant des éléments de couverture textile tendue peuvent s'adapter aux structures porteuses les plus variées. Dans le cas du projet de type « chapeau chinois » (3.1) la membrane est associée à un profilé métallique circulaire et à un mât central qui génère un point haut.

3.1

Membrane de type « chapeau chinois ». Solution autonome.

Système métallo-textile :
vue extérieure et dispositif métallique interne du
point haut.

Membrane ancrée sur
des bâtiments existants.

Les compositions architecturales privilégient également l'insertion de composants métal-
lo-textiles associant charpentes métalliques et membranes. Dans le cas présenté (3.2),
un ou plusieurs mâts à hauteur réglable, associés à une charpente métallique, servent de
points hauts, alors que la membrane est lacée sur un profilé tubulaire sur sa périphérie.
La géométrie de ces contours est choisie par le concepteur, et ce choix conditionne la
découpe des laizes.

On peut noter que dans les deux premiers projets cités, la conception des membranes et
des charpentes d'accrochage est simultanée. Il peut en être autrement et, dans certains
cas, il est possible de trouver des points d'ancrage dans des bâtiments existants (3.3).
Il faut bien sûr s'assurer que les efforts ainsi générés peuvent être équilibrés et supportés
par les structures associées.

DÉTAILS D'ASSOCIATION

La modélisation et la recherche de forme, que l'ingénieur effectue à l'aide d'un logiciel
conçu spécialement, en adéquation avec les comportements très spécifiques des structures tendues, définissent la géométrie des membranes et de leurs attaches aux ancrages.
Pour traiter les points d'attache des membranes, il faut concevoir la réponse qui convient.
L'ingénieur développe, selon les impératifs techniques et architecturaux de chaque point
d'ancrage, la solution adéquate et en dessine les détails pour le confectionneur qui pourra
ainsi réaliser dans les règles de l'art et en parfaite conformité avec la réponse aux sollicitations du point d'attache, la partie de la membrane spécifique à chacun des points d'ancrage.

LES DRISSES DE LAÇAGE

Ce procédé est classique pour la liaison du bord de toile avec un élément rectiligne, voire légèrement courbe. Des trous sont ménagés dans la toile et renforcés par des œillets ou des plaques métalliques, la drisse passant par ces œillets étant lacée sur un élément lui aussi généralement métallique (une tige circulaire pleine, par exemple), lié à la charpente (3.1).

LES POINTES DE TOILE

Tous les bords de toile ne sont pas nécessairement rectilignes et, dans de nombreux cas, des câbles de ralingue sont insérés dans des fourreaux ménagés dans ces zones limites. Les extrémités de deux ralingues contiguës sont liées à une pièce métallique appelée « pointe de toile », de complexité plus ou moins grande. Leur géométrie doit être très précise, car elles doivent dans certains cas autoriser les mises en tension des ralingues, qui tendent elles-mêmes les toiles. Le niveau des tensions doit être calculé afin que les efforts transmis par les pointes de toile soient correctement absorbés par les supports qui les reçoivent. La totalité des pièces constitutives doit être correctement dimensionnée : épaisseur des plaques, diamètre des parties filetées, boulons, manilles. La conception de cet accastillage contribue aussi à l'esthétique générale : un sous-dimensionnement peut générer une rupture (et un sinistre potentiel), un surdimensionnement peut nuire gravement à la légèreté visuelle des réalisations qui doit être cohérente avec celle des systèmes structuraux à base de textiles techniques.

IMPÉRATIFS DE CONCEPTION DES DÉTAILS TECHNIQUES
La conception technique des pointes de toile de la membrane nécessite une expertise spécifique. Dans l'exemple présenté à la figure 3.4, on s'assure que l'alignement des deux câbles et la tige filetée d'ajustement centrale coïncident. Une des difficultés de la conception réside dans le fait que les lignes de force doivent coïncider. L'ingénieur doit avoir conscience de ce fait quand il conçoit les pointes de toile de la membrane, et doit s'assurer que ce critère est respecté lors du calcul des contraintes de tension « en service ».

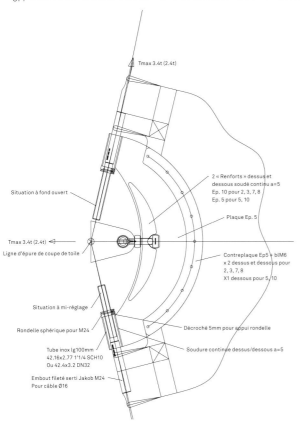

Pointe de toile.
Définition technologique
et dimensionnement.

Tmax 3.4t (2.4t)

Situation à fond ouvert

Tmax 3.4t (2.4t)
Ligne d'épure de coupe de toile

Situation à mi-réglage

Rondelle sphérique pour M24

Tube inox lg100mm
42.16x2.77 1'1/4 SCH10
Ou 42.4x3.2 DN32

Embout fileté serti Jakob M24
Pour câble Ø16

2 « Renforts » dessus et
dessous soudé continu a=5
Ep. 10 pour 2, 3, 7, 8
Ep. 5 pour 5, 10

Plaque Ep. 5

Contreplaque Ep5 + blM6
x 2 dessus et dessous pour
2, 3, 7, 8
X1 dessous pour 5, 10

Décroché 5mm pour appui rondelle

Soudure continue dessus/dessous a=5

Pointe de toile simple.

POINTE SIMPLE

Lorsque les efforts dans les ralingues sont faibles et que l'on dispose d'un autre système de mise en tension de la membrane, on peut mettre en œuvre une pointe de toile simple sans tension centrale (3.5). On optimise le dispositif en attachant directement les deux câbles de ralingue au mâtereau. Le réglage de la structure tendue s'effectuera alors par tension du hauban de mâtereau. Il est également possible de fixer directement la pointe de toile à un mât au moyen d'un ensemble comprenant un étrier, une plaque et une contreplaque (3.6). La fixation se fait sur un anneau soudé au mât. Mais cette solution induit des efforts internes de flexion dans ce mât. Cette solution n'est pas acceptable pour des valeurs élevées des efforts à transmettre, et il est en outre difficile de maîtriser la mise en tension conditionnée par la position du mât.

POINTE RÉGLABLE

Le projeteur propose une solution technique qui aboutit à un dessin d'exécution coté tel celui de la figure 3.7. Dans l'exemple ci-contre, les deux ralingues sont munies d'un embout fileté qui permet leur fixation par boulonnage sur la pointe de toile, une fois enfilées dans deux tubes appelés « jumelles ». La plaque métallique est elle-même fixée au dispositif d'ancrage (mâtereau ou autre) par une tige filetée boulonnée passant par le tube associé à la plaque.

3.6 ————————————————————————————————————

Liaison en zone
courante de mât.

3.7 ————————————————————————————————————

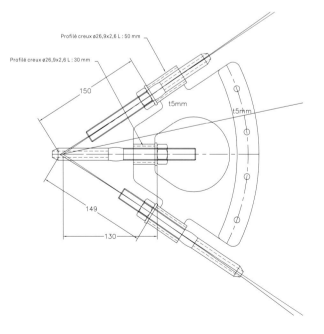

Plan d'exécution de la
pointe de toile.

Profilé creux ø26,9x2,6 L : 50 mm
Profilé creux ø26,9x2,6 L : 30 mm
150
t5mm
t5mm
149
130

Dans l'illustration 3.8, on peut voir la réalisation d'une pointe de membrane de ce type. On aperçoit également un fourreau de guidage des eaux d'écoulement. Celui-ci est un exemple de mauvaise conception des détails. L'eau de pluie s'écoule sur la platine métallique, et plus spécialement sur les filetages des vis, ce qui pose la question de la durabilité de l'assemblage, malgré l'utilisation d'un acier inoxydable. Une solution simple serait d'allonger le tube afin qu'il passe au travers de la platine métallique, dirigeant ainsi l'écoulement de l'eau afin qu'il ne cause aucune détérioration.

3.8 ——————————————————————————

Plaque de traction réalisée.

POINTE DE TOILE SUR MÂT

Dans cette application (3.9), les ralingues sont de longueur fixe et ne disposent pas de système de réglage. Elles sont associées directement à la plaque de tension, ancrée sur son mât par une manille torse (quart de tour). Deux cadènes (fers plats) assurent la reprise de la contreplaque sur la plaque. La contreplaque en forme d'arc est boulonnée à l'extrémité de la toile. La mise en tension de la membrane textile résulte d'une action appliquée sur les deux haubans fixés par des oreilles métalliques en partie supérieure du mât.

3.9 ——————————————————————————

Pointe de toile sur mât.

RALINGUES NON RÉGLABLES

Un deuxième système, plus rustique, avec des ralingues non réglables est présenté sur la figure 3.10 : deux câbles de ralingue sont repris sans réglage sur la plaque de traction, et une sangle cousue en boucle autour d'un anneau « delta » est mise en place pour assurer le maintien des bords de toile dans l'axe de traction. Dans cette configuration, la tension de la membrane est également assurée par traction sur le ou les haubans du mât.

3.10 ⎯⎯⎯⎯⎯⎯⎯⎯⎯⎯⎯⎯⎯⎯⎯⎯⎯⎯⎯

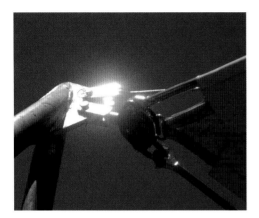

Ralingues non réglables.

3.11 ⎯⎯⎯⎯⎯⎯⎯⎯⎯⎯⎯⎯⎯⎯⎯⎯⎯⎯⎯

Jonction par manille sur tête de mâtereau.

JONCTION SIMPLE SUR MÂTEREAU

Un système classique de liaison de pointe de toile avec une tête de mâtereau (3.11) comporte deux câbles de ralingue, réglables avec embouts sertis filetés, et une plaque ancrée sur son mât par une manille (ici, avec un émerillon permettant la giration). La tension principale s'effectue par le réglage du hauban du mâtereau, la tension de la surface de toile intermédiaire (entre les points d'attache) est réalisée en tendant les câbles de ralingue (grâce au serrage des écrous d'embout). La membrane est renforcée par doublage dans sa partie finale.

LES MÂTEREAUX

Dans le cas de membranes à liaisons ponctuelles périphériques, les mâtereaux constituent une solution classique pour les points bas (3.12).

3.12 ⎯⎯⎯⎯⎯⎯⎯⎯⎯⎯⎯⎯⎯⎯⎯⎯⎯⎯⎯

Couverture du delphinarium du Parc Astérix, Paris, France.

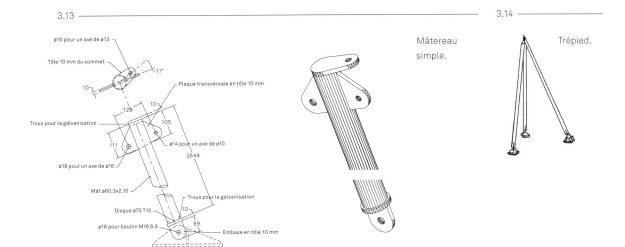

Mâtereau simple.

Trépied.

Ces mâtereaux peuvent être de simples tubes métalliques (3.13). Ils sont munis de pièces soudées permettant, d'une part, l'articulation en pied et, d'autre part, la fixation des éléments de liaison avec la membrane (appelés « oreilles »). La platine inférieure constitue l'un des deux éléments de l'articulation.

Les mâtereaux sont stabilisés par deux câbles qui contribuent à la mise en tension de l'ensemble. Dans certains cas, des solutions plus complexes sont utilisées, associant trois tubes assemblés en forme de trépied (3.14).

MÂTS DE POUSSÉE CENTRALE

On peut matérialiser les attaches hautes des membranes par des pièces métalliques et des rosettes (ou cerces) suspendues à un mât, comme c'est le cas pour le delphinarium du parc Astérix (3.12). Le mât doit alors être stabilisé par des haubans. Les mâts de dimension réglable sont une solution interne de création de points hauts. Généralement utilisés dans les constructions de type « chapeau chinois », ils sont semi-articulés en pied avec un dispositif de réglage de dimension (3.15). Leur tête reçoit la membrane par l'intermédiaire d'une cerce boulonnée au moyen de plaquettes (3.16).

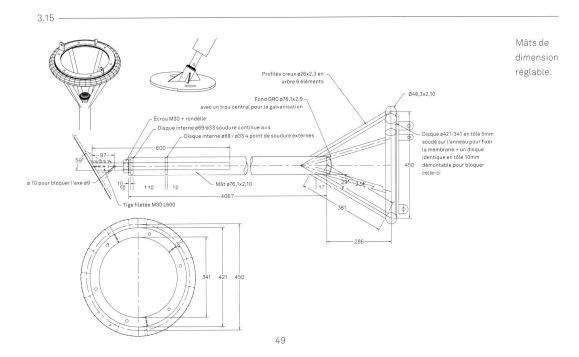

Mâts de dimension réglable.

Dispositif de maintien
de point haut.

La tension dans la membrane se fait en agissant sur la vis de réglage en pied de mât. Il faut agir simultanément sur les liaisons basses au niveau des pointes de toile bordées par les ralingues.

QUELQUES DÉCLINAISONS ET SPÉCIFICITÉS DES SOLUTIONS TECHNIQUES

Le concepteur peut multiplier à l'infini les solutions techniques en les adaptant aux projets étudiés. Il doit conserver à l'esprit les impératifs habituels en matière de pièces de liaison mécanique, mais il lui faut également proposer des formes et des dimensionnements en harmonie avec l'architecture générale de l'ouvrage textile. Une spécificité de ce type de système structural est d'autoriser une mise en prétension de la membrane, condition indispensable à sa rigidification. C'est un domaine où la créativité du projeteur est fortement sollicitée : les solutions proposées conditionnent la facilité de mise en œuvre, mais aussi le coût de l'ouvrage. Quelques exemples sont présentés dans cette section, sans vocation exhaustive.

CHOIX STRUCTURAUX : FORME ET LIAISONS

AUVENTS DE FAÇADE

Auvent sur arcs cintrés
Le premier exemple présenté concerne un auvent de protection solaire sur cette façade vitrée. La toile de couverture est associée à une série d'arcs cintrés. Elle est bordée d'un côté avec des ralingues courbes et lacée en partie arrière sur le couronnement rectiligne par morceaux de la façade. Les arcs sont regroupés par paires, assemblés par un tube horizontal, partie d'un système réticulé comportant deux paires de barres associées en « V » et liées au bandeau supérieur de la façade et à des têtes de poteaux engagés dans la façade. Des câbles formant des croix de saint André assurent le contreventement (3.17).

Auvent sur arcs
cintrés.

Butons « volants »
L'impression de légèreté peut être renforcée par l'utilisation de tubes métalliques dont au moins une des extrémités est stabilisée par un ensemble de trois câbles au minimum. Ces tubes complètement comprimés portent le nom de « butons ». Cette solution a, par exemple, été retenue pour l'auvent en tête de façade de la figure 3.18. La tension des toiles est ici assurée par l'intermédiaire de butons, avec des chapes et des ridoirs permettant de reprendre les pointes extérieures des toiles. Les butons sont haubanés sur la façade par câbles.

3.18

3.19

Butons
« volants ».

« Mâts
volants ».

Si les deux extrémités du tube comprimé sont liées à des systèmes de tension, celui-ci prend encore plus de liberté dans l'espace, au point que l'on peut l'assimiler à un « mât volant ». Dans le cas de l'exemple présenté (3.19), le système de tension supérieur est tout simplement la membrane elle-même. Il est nécessaire d'associer au tube une coupelle métallique afin de distribuer l'effort et d'éviter le poinçonnement de la toile.

TRIBUNES ET ABRIS

La libération complète de la vue ou de l'accès unilatéral d'une structure longiligne est un impératif architectural classique. Eduardo Torroja avait apporté une solution magistrale avec des coques de béton pour l'hippodrome de Zarzuela de Madrid. Les membranes textiles offrent des solutions structuralement et morphologiquement apparentées à celle de Torroja. Dans les deux constuctions, à savoir celui de la tribune de stade (3.20) et celui de l'abri pour vélos (3.21), les échelles sont différentes, mais on retrouve une zone porteuse désaxée, munie de deux pièces servant de suspentes qui portent les tubes sur lesquels la membrane est lacée. La stabilité de l'ensemble nécessite la mise en place de tirants en partie arrière, associés ou non à des pièces complémentaires.

3.20 ——————————————————————————————————

Tribune de stade : toiles en « selle de cheval » lacées en périphérie.

3.21 ——————————————————————————————————

Abri pour vélos.

POINTS SINGULIERS

La pertinence du choix des solutions mettant en œuvre la liaison de la membrane avec son support repose souvent sur la cohérence conceptuelle : il s'agit de faire coexister des éléments distincts dans un ensemble homogène tant sur le plan du dimensionnement que sur celui de l'esthétique globale de la liaison (3.22).

3.22 ————————————————————————————

Travail de conception d'association entre toile, pointe et massif de béton.

Une plaque de pointe de toile très ouverte allège l'aspect visuel de cet ancrage aux dimensions imposantes.

Le concepteur est également à même de proposer des solutions innovantes, par exemple de mise en tension, dont la pertinence est liée à la spécificité du projet sur lequel il travaille. Deux exemples ont été proposés et développés pour la mise en tension d'une ralingue filante (3.23 et 3.24).

Un ingénieux système de tension, simple, placé en bout d'arc, permet de mettre en œuvre une ralingue filante d'un seul tenant d'une extrémité à l'autre, avec réglages intermédiaires.

3.23 ————————————————————————————

Système de tension simple pour ralingue filante.

3.24 ————————————————————————————

Ralingue continue tendue en bout de buton.

Lestage de toile pour
mise en tension.

Structure « allégée »
avec câbles.

MAIS AUSSI...

Les cahiers des charges spécifiques des projets peuvent générer des solutions techniques singulières. Un système original : des lests emplis de sable apportent la tension dans les toiles par leur poids propre appliqué sur les portiques d'extrémité des membranes. Cette solution est la réponse à l'impossibilité d'ancrage sur un site archéologique (3.25).

La finesse des ouvrages textiles impose aussi sa loi aux autres éléments. Pour ne pas associer des arcs aux dimensions trop importantes aux membranes, le concepteur a mis en œuvre un système d'appuis intermédiaires du type de celui développé historiquement par Polonceau, dont il porte le nom. Ce sont les câbles quasiment invisibles et les deux « deltas » de barres aux dimensions réduites qui contribuent à souligner la légèreté de l'ensemble (3.26).

Au-delà, il ne reste plus qu'à laisser les voiles rejoindre le monde des volatiles en réduisant à l'extrême leur liaison avec les mâts (3.27). Le contraste des couleurs entre membrane et mâts y contribue largement.

Toiles tendues sur
mâts contreventés.

CONCLUSION

Il est évident que les solutions architecturales faisant appel à des textiles techniques sont caractérisées par une économie de matière importante. La conception des détails techniques pour leur mise en œuvre nécessite des aptitudes spécifiques des ingénieurs : imagination, culture mécanique, expérience technologique. Ils ont pour mission d'assurer le passage de l'idée et sa réalisation. Il y a certes moins de matière à mettre en œuvre, mais plus de matière grise à solliciter.

STEFANO BERTINO,
ANDREA GIOVANNI MAININI
et TIZIANA POLI

FAÇADES TEXTILES

L'innovation est un prérequis pour tout projet. Les façades textiles sont nées de cet objectif ; loin d'être éphémères, elles représentent un moyen de réaliser des solutions architecturales durables et très performantes. Les buts principaux du concepteur sont : évaluer les diverses et complexes « contraintes de traction de surface », vérifier les détails d'ossature sophistiquée et développer de nouveaux concepts structuraux et de nouvelles formes. L'architecture textile et les enveloppes textiles pour la construction sont le résultat de recherches sans cesse renouvelées afin de trouver l'équilibre entre les différentes contraintes.

ENVELOPPES TEXTILES : PERFORMANCES ET DOMAINES D'APPLICATION

Indépendamment des solutions techniques choisies et du critère de stabilité, les considérations architecturales supplémentaires sont :

- les conditions de confort optimales pour les utilisateurs de l'espace intérieur (confort hygrothermique, acoustique et visuel, qualité de l'air) ;
- la résistance aux charges statiques (poids propre, neige) et dynamiques (vent, tremblements de terre et chocs) ;
- la résistance au feu ;
- l'imperméabilité sous l'action combinée de la pluie et du vent ;
- le contrôle des phénomènes de diffusion de vapeur et de condensation ;
- l'isolation thermique requise ;
- le contrôle de la transmission de la lumière aux espaces intérieurs ;
- le contrôle de la radiation solaire (contrôle du réchauffement solaire) ;
- l'indice d'affaiblissement acoustique ;
- l'intégration et l'installation des équipements ;
- la durée de vie requise ;
- la réduction de l'impact environnemental.

Bien que les caractéristiques ci-dessus soient toutes vérifiées dans une enveloppe textile, il est nécessaire d'envisager un certain nombre de points supplémentaires relatifs à la performance, tels que la facilité de maintenance pour le nettoyage des surfaces, les possibilités de substitution, les contraintes de surfaces aux interfaces des différents composants du textile et le comportement de ceux-ci lors du transfert de charges aux éléments des structures primaire et secondaire.

4.1

CONI, Centre sportif, Bergame, Italie. Enveloppe textile comme peau architecturale.

4.3

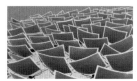

« Lierre artificiel » avec des cellules PV (ETFE modifié).

4.4.

Extension du musée de Santa Giulia, Brescia, Italie. Exemple d'une enveloppe complète en textile: l'approche mimétique trompe l'observateur jusqu'à ce qu'il entre en contact avec la surface.

4.2

Nouveau bâtiment de bureaux de Tensoforma Trading Srl, Entratico, Italie. Composants textiles utilisés comme protection solaire.

4.5

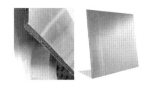

Energain DuPont.

De plus, il est important de contrôler :

– les déformations des composants sous l'action des charges dynamiques liées au vent ;
– la dilatation thermique maximale de chaque composant ;
– la déformation de chaque composant structurel, y compris les composants primaires et secondaires lorsqu'ils sont mis en charge ;
– la concentration des charges sur les zones de la façade ayant une moindre résistance structurelle ;
– la capacité d'absorption de l'humidité et la résistance aux variations thermiques ;
– la compatibilité mécanique des éléments de chaque assemblage ou interface ;
– les tolérances dimensionnelles.

Le niveau de contrôle dépend du type d'application. Les enveloppes textiles pour le bâtiment peuvent être réalisées soit comme des systèmes statiques, sous forme de couches de finition par exemple, soit comme des systèmes adaptables, ce qui est le cas des enveloppes textiles complètes, ou encore pour améliorer la performance d'une façade au moyen d'une seconde peau active et adaptative, selon l'environnement. On peut donc distinguer les applications suivantes :

– couche ou « peau » imperméable et hermétique, adhérant à la couche d'isolation externe de la structure et fonctionnant comme un système de finition de surface (comme une façade revêtue de textile) ;
– couche textile appliquée comme finition de surface externe, avec un système de fixation mécanique. Le niveau de ventilation de l'espace entre les couches peut varier de zéro à un niveau important (4.1) ;
– couche textile plus ou moins perméable à la lumière et à l'air avec une fonction de protection solaire permettant le contrôle de la transmission solaire et du flux lumineux ainsi que l'augmentation de la résistance thermique (4.2) ;
– couche textile pouvant transformer ou produire de l'énergie grâce à l'intégration de cellules photovoltaïques (PV) amorphes (4.3) ;
– système d'enveloppe pour le bâtiment, résilient, adaptatif et multicouche, également appelé enveloppe textile complète (4.4 et 4.5).

Une classification plus précise est donnée en termes d'amélioration de la performance spécifique à chaque type d'application.

Catégories	Type (voir page droite)	Contrôle de la transmission thermique	Contrôle de la transmission solaire totale	Contrôle du facteur de transmission lumineuse	Résistance thermique additionnelle	Contrôle de la condensation sur les surfaces	Isolation sonore	Absorption du bruit	Récupération, production et transformation d'énergie	Solution architecturale
Couche textile seconde peau										
Couche textile (peau) adhérant à la couche externe d'isolation	1					• Membrane respirante et imperméable				•
Seconde couche textile fixée mécaniquement à la surface intérieure du mur	2		•		•	• Membrane respirante et imperméable		•	• Couplée avec des cellules PV	•
Seconde couche textile comme protection solaire	3		•	•	•				• Couplée avec des cellules PV	•
Seconde couche textile couplée avec des OLED (LED biologiques)	4			•						•
Enveloppes/façades textiles										
Deux couches textiles couplées, renfermant une lame d'air	5	•	•	•			•	•		•
Deux couches textiles couplées, renfermant une couche isolante	6						•	•		•
Deux couches textiles couplées, renfermant un vide ; une ou deux surfaces internes du vide sont recouvertes d'un revêtement à faible coefficient d'émission.	7	•	•	•						•
Trois couches textiles, renfermant deux vides remplis de matériau isolant	8						•	•		•
Deux couches textiles couplées, renfermant un vide ; leur surface externe est recouverte de cellules PV.	9	•	•	•					•	•
Trois couches textiles, renfermant deux vides remplis de matériau isolant ; surface externe recouverte de cellules PV	10						•	•	•	•
Trois couches textiles, renfermant deux vides remplis d'air ou d'un gaz à fort pouvoir isolant	11	•	•	•						•
Trois couches textiles, renfermant deux vides remplis d'air ou d'un gaz à fort pouvoir isolant ; les surfaces internes sont recouvertes d'un revêtement à faible coefficient d'émission.	12	•	•	•						•
Double couche en coussin pneumatique rempli d'air	13	•	•	•						•
Double couche en coussin pneumatique rempli d'un matériau isolant	14						•	•		•
Triple couche en coussin pneumatique rempli d'air	15	•	•	•						•

Performances des différents types d'enveloppes textiles pour le bâtiment. (source : T. Poli)

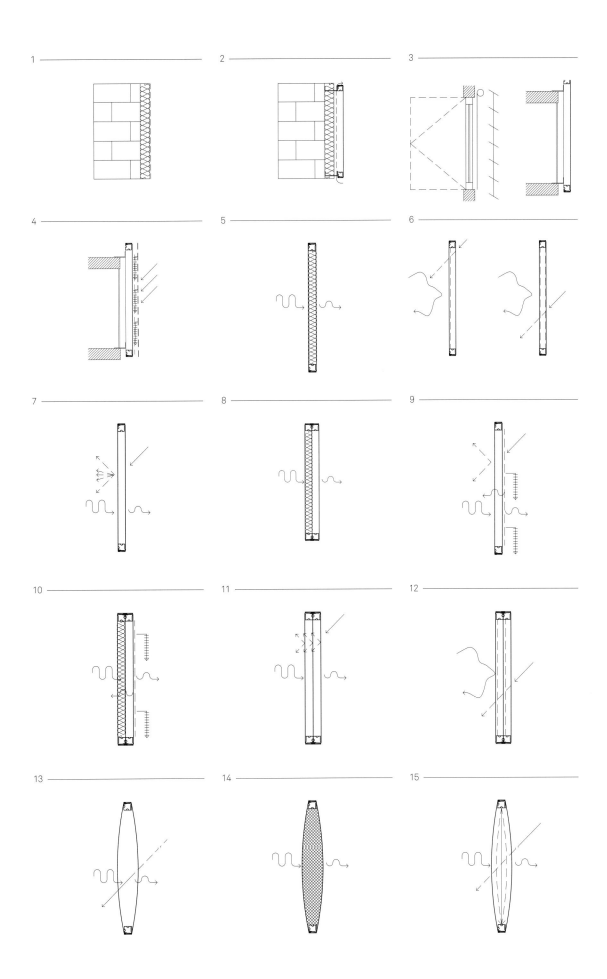

SYSTÈMES D'ENVELOPPES TEXTILES POUR LE BÂTIMENT ET LEUR UTILISATION EN ARCHITECTURE DIFFUSE

Les enveloppes textiles peuvent avoir de forts impacts esthétiques et architecturaux, comme par exemple sur le pavillon UBPA B3-2 à l'EXPO 2010 de Shanghai ou sur le stade Juventus Arena de Turin, où des concepts architecturaux spécifiques ont été développés. La variété des applications possibles pour les enveloppes textiles s'accompagne d'une plus grande souplesse comparée aux technologies de façades en verre. Le verre, matériau rigide et fragile, est remplacé par un élément textile souple et très résistant. La vérification des forces internes à la structure doit alors tenir compte de différentes variables, concernant notamment le comportement de l'enveloppe textile.

L'entreprise Tensoforma a, par exemple, développé et breveté TEXO, un système structurel basé sur l'utilisation d'un profilé de rive en élastomère, placé entre le textile et le châssis, le plus souvent constitué d'un profilé en aluminium extrudé à chaud et équipé d'un coussin thermique et d'un système de joints d'étanchéité garantissant l'imperméabilité et permettant le contrôle de la circulation de l'air (4.6 et 4.7). Ce type de profilé de rive permet d'obtenir une surface textile uniforme et lisse, tandis que son comportement élastoplastique assure la répartition des charges. La membrane textile est cousue sur le profilé de rive, qui est

4.6, 4.7

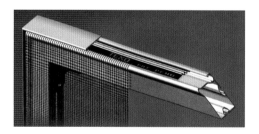

Technologie « diffuse », composants textiles pour le bâtiment.

ensuite inséré dans une rainure prévue à cet effet dans le profilé en aluminium. L'élastomère agit comme « ressort », permettant l'uniformité des éléments modulaires et la répartition des charges, tout en donnant la possibilité de changer l'enveloppe textile ultérieurement.

La modularité de ce type d'enveloppe pour le bâtiment n'est pas synonyme de standardisation des dimensions et des formes : de nombreuses variantes formelles et fonctionnelles peuvent être réalisées grâce à ces panneaux textiles. Le peu de contraintes imposées par les systèmes de membrane permet au concepteur d'exercer en toute liberté sa sensibilité architecturale, et offre une large palette de solutions techniques individuelles (4.8 à 4.13).

Logement individuel, Vienne, Autriche. L'enveloppe textile a une double fonction : double peau architecturale et protection solaire.

Magasin Deichmann, Essen, Allemagne.

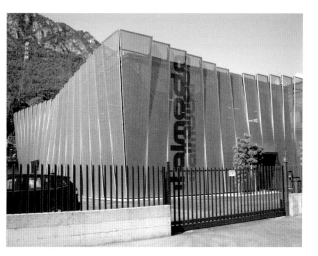

Centre Italmoda, Endine-Bergame, Italie.

Boutique PRADA, Qingdao, Chine.

3M, Sensitive Space
System, Salon interna-
tional du mobilier, Milan,
Italie. Système Texo pour
l'intérieur.

« Fabbrica – les yeux
ouverts », Centre Pompi-
dou, Paris, France. Sys-
tème Texo pour l'intérieur.

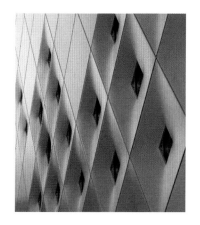

Pavillon UBPA B3-2 pour l'Expo 2010, Shanghaï, Chine. Archea Associati.

Base de l'*America's Cup*, Valence, Espagne. Renzo Piano Building Workshop.

LIMITATIONS DES SYSTÈMES D'ENVELOPPES TEXTILES POUR LE BÂTIMENT

Le poids réduit, la résistance et les performances élevées et multiples des enveloppes textiles présentent un certain nombre de particularités qu'il est important de prendre en compte lors de la conception, de la construction et de la maintenance. La planification des systèmes de membrane nécessite une bonne connaissance de la science et de la technologie des matériaux. Tous les textiles ne se comportent pas de la même manière, par exemple en termes de résistance à l'allongement, et ils ne conservent pas tous leur intégrité physique et leur efficacité sur le long terme. De plus, leur installation ne peut pas être effectuée par une main d'œuvre non qualifiée. La faible résistance au feu de ces matériaux doit également être compensée par une protection accrue des éléments porteurs et des pièces, par exemple en polycarbonate, utilisées pour lier la membrane à la structure principale. Les façades textiles présentent également des problèmes en matière de sécurité, du fait de leur faible résistance aux contraintes mécaniques locales, si le tissu n'est pas renforcé.

VÉRIFICATION DE LA PERFORMANCE PAR LES CONCEPTEURS

L'emploi de textiles pour le sytème d'enveloppe d'un bâtiment ou comme seconde peau externe est de plus en plus répandu. Au vu de l'importance de la couverture d'une construction, responsable de caractéristiques clés impliquant notamment l'utilisation du bâtiment, des listes de vérification de la performance environnementale et technique requise sont mises à disposition. L'utilisation de textiles en couche intermédiaire dans des panneaux muraux légers est également une option et, à ce titre, incluse dans le champ des utilisations possibles.

PERFORMANCE ENVIRONNEMENTALE

Liste de vérification de la performance environnementale et du confort de l'utilisateur

| | | | COUCHE INTERMÉDIAIRE | | DOUBLE PEAU | | | | ENVELOPPE TEXTILE | |
			PANNEAUX MURAUX LÉGERS		MUR TRANSPARENT		MUR OPAQUE		MUR TEXTILE MULTICOUCHES	
PERFORMANCE REQUISE			Ossature	Textiles	Ossature	Textiles	Ossature	Textiles	Ossature	Textiles
PERFORMANCE ENVIRONNEMENTALE	CONFORT	Isolation acoustique [4]								•
		Contrôle de la luminosité				•				•
		Intimité nocturne				•				•
		Contact visuel avec l'extérieur				•				•
		Traitement antireflets				•				•
		Rendu des couleurs				•				•
		Étanchéité [1][3]	•	•	•	Si nécessaire	•	Si nécessaire	•	•
		Imperméabilité [1][3]	•	•	•	Si nécessaire	•	Si nécessaire	•	•
		Capacité de ventilation naturelle [2]				•		•		•

Couche intermédiaire

1 Grâce à l'étanchéité et l'imperméabilité, la couche interne ou intermédiaire du mur est protégée des dégradations causées par l'eau. La couche intermédiaire peut également être utilisée comme pare-vapeur pour éviter la propagation de l'eau condensée dans un mur léger.

Double peau

2 La possibilité d'une ventilation naturelle est recommandée, afin d'éviter l'effet de serre dans l'espace entre la seconde peau textile transparente et le mur opaque. La ventilation naturelle de l'espace réduit également le réchauffement solaire et la charge de refroidissement.

3 Pour obtenir à la fois l'étanchéité et l'imperméabilité, on ne se limite pas à l'utilisation de la seconde peau ; on utilise également le mur traditionnel opaque ou transparent situé derrière.

Enveloppe textile

4 L'isolation acoustique est critique pour les enveloppes textiles, spécialement pour les structures pneumatiques multicouches. L'absence d'une couche de masse suffisante, outre le faible indice de réduction sonore, peut causer des nuisances telles que les bruits résultant de l'impact de la pluie.

PERFORMANCE TECHNIQUE

Liste de vérification de la performance technique

PERFORMANCE REQUISE			COUCHE INTERMÉDIAIRE		DOUBLE PEAU				ENVELOPPE TEXTILE	
			PANNEAUX MURAUX LÉGERS		MUR TRANSPARENT		MUR OPAQUE		PANNEAUX MURAUX LÉGERS	
			Ossature	Textiles	Ossature	Textiles	Ossature	Textiles	Ossature	Textiles
PERFORMANCE TECHNIQUE	THERMIQUE	Facteur solaire				•				•
		Transmission solaire directe				•				•
		Facteur de transfert thermique secondaire				•		•		•
		Facteur de réduction de la radiation solaire				•		•		•
		Contrôle de l'apport solaire [3][4]				•		•		•
		Réduction des pertes thermiques		Si nécessaire	•		•	•	•	•
		Perméabilité à l'air [1][2]		Si nécessaire		Si nécessaire		Si nécessaire	•	•
		Étanchéité à l'air [1][2]		Si nécessaire		Si nécessaire		Si nécessaire	•	•
		Coefficient U [6][5]							•	•

Couche intermédiaire

1   Dans un bâtiment bien isolé, les pertes thermiques principales en hiver dépendent de la ventilation et de l'infiltration d'air. Une couche étanche continue peut réduire l'infiltration d'air extérieur.

Double peau

2   Dans un bâtiment bien isolé (coefficient U moyen des murs et du toit <0,3 W/m² K), la majeure partie des pertes thermiques en hiver dépend de la ventilation et de l'infiltration d'air. Une seconde peau continue peut réduire la pression du vent sur le mur transparent ou opaque situé derrière.

3   L'apport solaire au travers des vitres détermine les charges de refroidissement des bâtiments équipés d'air conditionné. L'utilisation d'une seconde peau textile peut diminuer les apports solaires, réduisant ainsi la consommation d'énergie. La réduction dépend de la proportion vitrée de la façade et du facteur solaire du textile utilisé. Un très faible facteur solaire pour les surfaces textiles adjacentes à un mur transparent peut réduire l'apport solaire mais atténue également la transmission lumineuse, entraînant une augmentation de l'énergie nécessaire pour l'éclairage interne.

Enveloppe textile

4   Des matériaux transparents peuvent être utilisés pour contrôler les apports solaires. Si des membranes laissant passer 98% du rayonnement sont utilisées, il est nécessaire de réduire l'apport de lumière en employant des systèmes de protection solaire adaptatifs ou passifs. La sérigraphie diffuse sur une ou plusieurs couches de l'enveloppe est également une stratégie utile pour contrôler la lumière du soleil.

5   Le contrôle de la transmission thermique U est critique pour les enveloppes multicouches. Ce type de membrane possède une transmission U comprise entre 3,3 W/m² K (2 couches) et 1,9 W/m² K (5 couches). La valeur de la transmission thermique peut être réduite en utilisant des membranes ou textiles dotés d'un traitement de surface à faible coefficient d'émission. Les structures métalliques doivent incorporer une isolation par rupteurs thermiques afin de réduire les pertes par conduction dans le système.

6   Dans l'espace entre deux murs, l'utilisation d'une couche textile dotée de surfaces à faible émission augmente la résistance thermique et réduit la transmission thermique du mur.

| | | | COUCHE INTERMÉDIAIRE | | DOUBLE PEAU | | | | ENVELOPPE TEXTILE | |
| | | | PANNEAUX MURAUX LÉGERS | | MUR TRANSPARENT | | MUR OPAQUE | | PANNEAUX MURAUX LÉGERS | |
PERFORMANCE REQUISE			Ossature	Textiles	Ossature	Textiles	Ossature	Textiles	Ossature	Textiles
PERFORMANCE TECHNIQUE	DURABILITÉ	Stabilité des couleurs			•	•	•	•	•	•
		Conservation de l'aspect extérieur			•	•	•	•	•	•
		Résistance à la casse			•	•	•	•	•	•
		Résistance à la corrosion					•		•	
		Résistance aux rayons ultraviolets				•		•		•
		Résistance aux agents biologiques	•	•	•	•	•	•	•	•
		Résistance au vieillissement	•	•	•	•	•	•	•	•
		Résistance au feu [1]							•	•
		Résistance à l'humidité	•	•	•	•	•	•	•	•
		Résistance à l'eau	•	•	•	•	•	•	•	•

Enveloppe textile

1 La résistance au feu est critique pour les enveloppes multicouches. Les matériaux sont généralement ignifugés, avec certaines limites de toxicité garanties pour différents degrés d'exposition au feu. La toxicité pour l'utilisateur dépend de la quantité de matériau brûlé, car tous les plastiques émettent des dioxines et d'autres substances toxiques lors de la combustion. La résistance au feu est faible, il est donc important de définir une séparation adéquate des volumes internes et des structures afin d'éviter la propagation rapide du feu dans le bâtiment.

| | | | COUCHE INTERMÉDIAIRE | | DOUBLE PEAU | | | | ENVELOPPE TEXTILE | |
| | | | PANNEAUX MURAUX LÉGERS | | MUR TRANSPARENT | | MUR OPAQUE | | PANNEAUX MURAUX LÉGERS | |
PERFORMANCE REQUISE			Ossature	Textiles	Ossature	Textiles	Ossature	Textiles	Ossature	Textiles
PERFORMANCE TECHNIQUE	MÉCANIQUE	Résistance aux chocs			•	•	•	•	•	•
		Résistance au vent			•	•	•	•	•	•
		Résistance aux forces de tension			•	•	•	•	•	•
		Résistance aux intrusions [2]							•	•
		Résistance à la découpe [1]				•		•		•

Double peau

1 La résistance à la découpe est critique pour une seconde peau textile, notamment en cas de vandalisme. Pour assurer une telle protection, le textile peut être combiné avec du plexiglas ou d'autres plastiques. Des membranes dotées de fibres métalliques peuvent également être mises en œuvre.

Enveloppe textile

2 La résistance aux intrusions est critique pour une seconde peau textile, notamment en cas de vandalisme.

AVENIR DES ENVELOPPES TEXTILES POUR DES BÂTIMENTS À FAIBLE IMPACT ENVIRONNEMENTAL

L'étude de l'impact environnemental d'un produit sur le long terme est complexe, et on doit admettre qu'une analyse tenant compte uniquement des possibilités de recyclage et de réduction des émissions toxiques n'est plus adéquate.

Aujourd'hui, les matériaux durables doivent respecter l'environnement durant tout leur cycle de vie, dont les contraintes sont les suivantes :

– utilisation des ressources naturelles – utilisation et la consommation d'eau pour la production – consommation d'énergie pour la production – consommation d'énergie pour le transport et l'installation	Généralement défini comme l'énergie intrinsèque du matériau
– émissions ayant un impact sur le réchauffement du climat, notamment les gaz à effet de serre – toxicité pour l'être humain et l'environnement – déchets inertes ou dangereux	

La définition des indicateurs critiques d'un matériau durable est complexe en raison d'un manque d'information manifeste et du fait de la nature interdisciplinaire des études nécessaires pour une analyse complète.

Cependant, des produits ont été conçus qui, tout en maintenant les caractéristiques de durabilité et de résistance mécanique, sont « débarrassés » des produits chimiques toxiques.

Les principaux composants d'une enveloppe textile peuvent être recyclés, réduisant ainsi l'utilisation des ressources et la consommation d'énergie.

De nouveaux processus industriels permettant de séparer les composants textiles des revêtements ont été mis au point pour le recyclage de nombreux textiles, comme par exemple le système Texyloop développé par Ferrari SA. À la fin du cycle de vie d'un produit manufacturé, les matériaux peuvent être réutilisés dans un cercle vertueux, en réintroduisant les matières récupérées dans la fabrication de nouveaux produits.

Malgré les fortes consommations d'énergie, de matériaux et d'eau au cours de leur cycle de production, les structures en acier et aluminium ont un taux de recyclage élevé, permettant de les refondre et de les réutiliser de façon efficace.

La mise en œuvre de matériaux légers dans les enveloppes textiles réduit également la consommation d'énergie lors du transport. Ces produits peuvent être facilement roulés et emballés, optimisant ainsi l'utilisation des espaces de stockage.

La durabilité d'une membrane textile dans des constructions comprenant une seconde peau peut également être améliorée, suivant son application, par un effet secondaire. L'enveloppe du bâtiment est responsable de la majorité des coûts de chauffage et de refroidissement des espaces intérieurs, les principaux facteurs étant :

- les infiltrations dans l'enveloppe du bâtiment en hiver ;
- les pertes par conduction en toute saison ;
- les apports solaires en été.

Selon les critères de forme d'un bâtiment, le niveau moyen d'isolation des murs et le ratio entre les surfaces de mur transparentes et opaques, la mise en place d'une seconde peau textile bien conçue peut réduire substantiellement ces coûts annuels.

MARK COX, TIM DE HAAS,
ROEL GIJSBERS, ARNO PRONK
et JEROEN WEIJERS

⑤

PROTECTION SOLAIRE

INTRODUCTION

Diverses propriétés des textiles peuvent être utilisées pour la climatisation des bâtiments, par exemple :

– en utilisant des matières spéciales, par exemple des matériaux à changement de phase, ou des revêtements ;
– en utilisant des couches superposées de textiles ;
– en réchauffant ou refroidissant des membranes ;
– en refroidissant grâce à une circulation d'air au travers de la membrane.

Une membrane peut fonctionner de différentes manières. Elle peut être utilisée comme protection solaire ou en tant qu'isolation thermique ou acoustique.
Les dispositifs de protection solaire sont utilisés pour éviter le réchauffement par les rayons du soleil. Les membranes opaques et à couches multiples sont particulièrement adaptées à cette utilisation. La valeur de l'isolation thermique d'une construction dépend de l'épaisseur des membranes et de leur espacement. Elle peut être améliorée en utilisant des matériaux transparents ou des couches réfléchissantes.

Les transferts de chaleur sont devenus un facteur important de la conception des bâtiments. Dans ce chapitre, les principes élémentaires de la transmission thermique seront exposés et leurs relations expliquées. Sur la base de ces principes, nous décrirons les différentes méthodes de climatisation appliquées aux constructions utilisant des membranes.

LEXIQUE SUR LA PROTECTION SOLAIRE

Textile à couche simple
Matériau tissé ou tricoté en une seule couche, présentant de faibles propriétés d'isolation thermique et acoustique.

Textile à couches multiples
Matériau tissé ou tricoté en double ou multicouches, présentant un potentiel d'isolation thermique et acoustique.

Couverture en membrane multicouche
Coussins formés par deux couches ou plus de membranes d'ETFE contenant de l'air. L'air réchauffé présent dans l'espace intermédiaire assure l'isolation thermique et acoustique. L'air contenu dans le coussin est chauffé par le rayonnement solaire. Il peut être récupéré et utilisé pour le chauffage du bâtiment.

Membrane poreuse
Membrane au travers de laquelle l'air peut circuler.

Herméticité
Résistance de l'enveloppe du bâtiment à la circulation d'air vers l'intérieur ou l'extérieur. Une faible herméticité engendre l'augmentation de la consommation d'énergie du fait des circulations d'air. L'herméticité est donc un facteur important dans la conception des bâtiments.

Membrane transparente
Membrane au travers de laquelle la lumière visible peut passer.

Ventilation
Utilisation de l'air comme moyen de transport pour le réchauffement ou le refroidissement. L'air peut être préchauffé lorsqu'il est présent entre deux membranes.

Facteur de transmission solaire
Pourcentage de radiation solaire incidente traversant un matériau transparent. Un simple vitrage possède un facteur de transmission solaire d'environ 0,8, signifiant que 80% des rayons de soleil sont transmis à travers le verre.

Facteur de transmission de la lumière visible
Pourcentage de lumière visible incidente traversant un matériau, pondéré par la sensibilité de l'œil humain. Un simple vitrage possède un facteur de transmission de la lumière visible d'environ 0,9.

Corps noir
Corps au rayonnement théorique qui absorberait toutes les radiations, sans en réfléchir ni en transmettre.

PRINCIPES ÉLÉMENTAIRES DU TRANSFERT THERMIQUE

Le transfert thermique est un facteur important lorsque des textiles sont utilisés comme protection solaire. Il y a trois grands principes de transfert thermique : le rayonnement, la convection et la conduction.

RAYONNEMENT ET CORPS ÉMETTEURS

Tout matériau ayant une température spécifique agit comme une source de rayonnement. Selon la loi de Kirchhoff, la radiation émise est égale à la radiation absorbée (5.1).

5.1

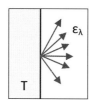

$\varepsilon_\lambda = \alpha_\lambda$
Radiation émise (ε_λ)
par un matériau.

La radiation émise dépend de la longueur d'onde du rayonnement et forme ce que l'on appelle le spectre. Celui-ci est lié à la température d'un corps noir, source de rayonnement théorique, et défini par la loi du rayonnement de Planck.

$$I(v,T) = \frac{2hv^3}{c^2} \cdot \frac{1}{e^{hv/kT}-1}$$

I(n,T) = émission pour la longueur d'onde n et la température T		[Wm⁻²SrHz]
n = longueur d'onde		[Hz]
T = température		[K]
c = vitesse de la lumière	2,99792458 · 10⁸	[m/s]
k = constante de Boltzmann	1,386505 · 10⁻²³	[J/K]
h = constante de Planck	6,6260693 · 10⁻³⁴	[Js]

Le spectre des radiations émises peut être visualisé sur une courbe d'intensité. La surface délimitée par cette courbe est égale à la radiation totale émise par le matériau et augmente avec la température. L'énergie thermique totale émise est définie par la loi de Stefan-Boltzmann :

$E_T = \varepsilon_\lambda \cdot \sigma \cdot T^4$		[W/m²]
ε_λ	= coefficient d'émission pour la longueur d'onde λ	[-]
σ	= constante de Stefan-Boltzmann = 5,669 · 10⁻⁸	[W/m²K⁴]
T	= température	[K]

Il existe trois principes pour décrire une source de rayonnement : le corps noir, le corps gris et le radiateur sélectif (5.2).

– Un corps noir a un coefficient d'émissivité égal à 1. Il absorbe toutes les radiations sans en réfléchir ni en transmettre.
– Un corps gris a un coefficient d'émissivité inférieur à 1 et identique pour toutes les longueurs d'onde.
– Un radiateur sélectif a des coefficients d'émissivité inférieurs à 1 et différents pour chaque longueur d'onde.

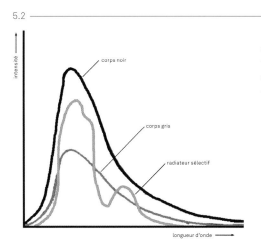

5.2

Radiations émises par différents corps émetteurs : corps noir (noir), corps gris (gris) et radiateur sélectif (vert).

Le spectre du soleil est légèrement différent de celui d'un corps noir ayant une température de 5800 K. De plus, l'atmosphère terrestre filtre une partie du rayonnement correspondant à certaines longueurs d'onde, créant des vides dans le spectre. La loi de Stefan-Boltzmann, qui définit l'énergie thermique totale émise, prend en considération un corps noir parfait. De ce fait, la valeur obtenue en utilisant cette formule est supérieure à ce que l'on observe dans la réalité (5.3).

5.3

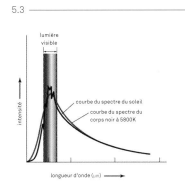

Courbes d'intensité du rayonnement du soleil et d'un corps noir à la température de 5800 K.

5.4

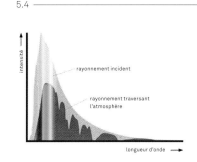

Courbe d'intensité du rayonnement incident montrant l'effet de filtre de l'atmosphère.

Le rayonnement total moyen, c'est-à-dire l'ensemble des rayonnements direct et diffus sur une surface verticale en été, en prenant l'exemple des Pays-Bas, est d'environ 400 W/m^2 [Knoll, 2002].

Les membranes en général et les textiles en particulier ne sont pas des émetteurs assimilables à un corps noir parfait car ils reflètent la lumière. Cela implique que toute la lumière n'est pas absorbée et que, dans le cas de matériaux transparents, la lumière peut les traverser. Les membranes et les textiles opaques agissent plutôt comme des corps gris, alors que les membranes transparentes sont assimilables à des radiateurs sélectifs. Ces propriétés peuvent être utilisées pour bloquer la radiation infrarouge – la chaleur – tout en permettant à la lumière visible de passer.

Matériaux opaques
Un matériau opaque absorbe et reflète le rayonnement incident. Le matériau agit comme un corps émetteur gris, dans cet exemple avec une température de 80°C à l'intérieur du bâtiment (5.5).

5.5 ——

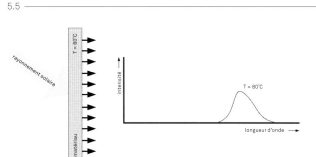

Représentation schématique du rayonnement solaire sur un matériau opaque et courbe de l'intensité résultante par rapport à la longueur d'onde.

Matériaux transparents
Un matériau transparent laisse passer le rayonnement solaire, amenant à un réchauffement, habituellement appelé chauffage solaire passif. Ici, on perçoit clairement l'importance de la protection solaire (5.6).

5.6 ——

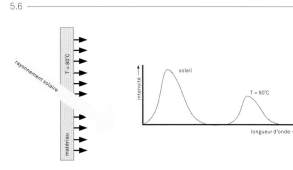

Représentation schématique du rayonnement solaire sur un matériau transparent et courbe de l'intensité résultante par rapport à la longueur d'onde.

Les revêtements sont importants dans le processus de rayonnement-transfert de chaleur car ils peuvent permettre d'obtenir des propriétés de radiateur sélectif. La quantité de réflexion et de rayonnement est liée aux propriétés de la surface, telles que la rugosité et la couleur. Les surfaces rugueuses reflètent moins de rayonnement que les surfaces lisses, et les couleurs sombres possèdent un coefficient d'émissivité supérieur à celui des couleurs claires. Les membranes transparentes ont un coefficient de transmission élevé car elles permettent à la lumière de les traverser facilement.

RAYONNEMENT

Le rayonnement peut être divisé en spectre visible et spectre invisible. Le premier correspond aux longueurs d'onde comprises entre 0,4 μm et 0,8 μm. Au sein du spectre invisible, il existe des rayons présentant des longueurs d'onde inférieures, appelés ultraviolets, et supérieures, entre 0,8 μm et 800 μm, définis comme infrarouges. La chaleur du rayonnement est principalement causée par les rayons infrarouges, en raison de la plus forte intensité de ces longueurs d'onde dans le spectre solaire (5.3 et 5.4).

Trois propriétés du matériau sont particulièrement importantes en ce qui concerne le rayonnement incident de longueur d'onde λ : l'absorption α_λ, la réflexion ρ_λ et la conduction τ_λ. La somme de ces trois composantes est toujours égale à 1, ce qui correspond à la quantité de rayonnement incident (5.7). Un matériau opaque ne transmet pas le rayonnement.

5.7

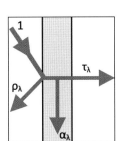

$\alpha_\lambda + \rho_\lambda + \tau_\lambda = 1$
Rayonnement incident (1), absorption (α_λ), réflexion (ρ_λ), conduction (τ_λ).

Exemple   Radiation solaire sur une couche simple d'une membrane PVC transparente

Rayonnement incident		800 W/m²	
Absorption (α_λ)	20%	160 W/m²	menant à l'augmentation de la température de la membrane
Réflexion (ρ_λ)	10%	80 W/m²	
Conduction (τ_λ)	70%	560 W/m²	

CONVECTION

Lorsque l'air se déplace le long d'une surface, la chaleur est transférée par convection (5.8). Un déplacement d'air peut être produit par des systèmes mécaniques ou causé par des différences de température et de pression. Le flux de chaleur de la convection dépend du coefficient de transfert thermique, qui est fonction de la dimension de la surface en contact avec l'air et de la différence entre la température de surface et celle de l'air. Le coefficient de transfert thermique de la surface dépend de la viscosité dynamique de l'air, de sa vitesse et du type d'écoulement qui peut être soit laminaire soit turbulent. La convection est utilisée dans la construction de façades en textiles multicouches, afin de permettre l'extraction de la chaleur entre les différentes couches.

$Q = \alpha \cdot A(T_s - T_a)$	[W]
Q = flux de chaleur par convection	[W]
α = coefficient de transfert thermique	[W/m²K]
A = surface	[m²]
T_s = température de la surface	[K]
T_a = température de l'air	[K]

5.8

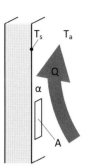

$Q = \alpha \cdot A(T_s - T_a)$

Transfert de chaleur par convection.

Exemple   Convection le long d'une surface constituée d'une membrane simple

$Q = \alpha \cdot A(T_s - T_a)$ [W]

Le rayonnement solaire réchauffe la membrane, ce qui cause une élévation de la température de surface. En utilisant un système multicouche et une lame d'air, la température de surface et, par conséquent, le flux de chaleur par convection seront réduits.

α = coefficient de transfert thermique	7,7	[W/m²K]
A = surface	1	[m²]
T_s = température de la surface	80	[°C]
T_a = température de l'air	20	[°C]
Q = flux de chaleur par convection	462	[W]

CONDUCTION

La chaleur peut traverser un matériau par conduction (5.9). L'importance du flux de chaleur ainsi généré dépend des propriétés de conductivité thermique du matériau. Plus la
conductivité thermique (λ) est élevée, plus le flux de chaleur traversant le matériau est
important. Une membrane simple ne peut empêcher la chaleur de transiter à l'intérieur
ou à l'extérieur du bâtiment car elle manque d'épaisseur. Le coefficient de conductivité
thermique des membranes des coussins ETFE est relativement élevé comparé à celui de
l'air qui y est enfermé.

$Q = A \cdot (\lambda / d) \cdot (T_2 - T_1)$		[W]
Q = flux de chaleur par conduction		[W]
A = surface		[m²]
λ = conductivité thermique		[W/mK]
d = épaisseur du matériau		[m]
T_2 = température de surface extérieure		[°C]
T_1 = température de surface intérieure		[°C]

5.9 ————————————————————

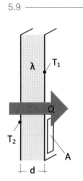

$Q = A \cdot (\lambda/d) \cdot (T_2 - T_1)$
Transfert de chaleur par
conduction.

Exemple

La transmission de chaleur à travers un système peut être envisagée comme une série de
résistances. La résistance externe est de 0,04 m²K/W, la résistance interne de 0,13 m²K/W et
celle d'une lame d'environ 5 cm d'air immobile est de 0,17 m²K/W. La conductivité thermique
(λ) du PVC est de 0,15 W/mK. Le coefficient de transfert thermique (résistance thermique)
d'une membrane ayant une épaisseur de 1 mm est de $0{,}001/0{,}15 = 6{,}67 \cdot 10^{-3}$ m²K/W.
Le rapport entre la résistance thermique d'une membrane et celle de l'air immobile dans
la lame est de $6{,}67 \cdot 10^{-3}/0{,}17$ soit 1/25. On peut donc conclure qu'une membrane simple
n'offre pas une grande résistance thermique par rapport à une lame d'air.

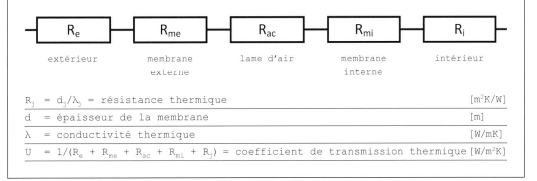

R_e	R_{me}	R_{ac}	R_{mi}	R_i
extérieur	membrane externe	lame d'air	membrane interne	intérieur

$R_j = d_j/\lambda_j$ = résistance thermique		[m²K/W]
d = épaisseur de la membrane		[m]
λ = conductivité thermique		[W/mK]
$U = 1/(R_e + R_{me} + R_{ac} + R_{mi} + R_j)$ = coefficient de transmission thermique		[W/m²K]

Afin de clarifier les relations entre les différents types de transfert de chaleur (rayonnement, convection et conduction), voici un exemple d'une façade composée d'une membrane simple opaque. Les conditions, en été aux Pays-Bas, provoquent une différence de température sur la façade de 10K, la température extérieure étant de 30°C et la température intérieure de 20°C.

Rayonnement
Le rayonnement solaire moyen sur une surface verticale en été aux Pays-Bas est d'environ 400 W/m^2.

Le rayonnement de la façade peut être calculé grâce à la loi de Stefan-Bolzmann

$E_T = \varepsilon_\lambda \cdot \sigma \cdot T^4$	[W/m^2]
ε_λ = coefficient d'émission pour la longueur d'onde λ = env. 0,90	[-]
σ = constante de Stefan-Boltzmann = 5,669 $\cdot$ 10^{-8}	[W/m^{2}K^4]
T = température	[K]

Des surfaces ayant une température de 10°C, 20°C et 60°C émettent respectivement 328 W/m^2, 376 W/m^2 et 430 W/m^2.

Convection
En considérant une différence de 60K entre la température de l'air et celle de la surface de la membrane, le flux de chaleur dû à la convection est de 462 W/m^2. Une différence de température de 10K mènerait à un résultat de 77 W/m^2.

Conduction
La résistance thermique de la façade bicouche est d'environ 0,34 m^{2}K/W. La différence de température du système est de 10K, menant à un flux de chaleur par conduction d'environ 29 W/m^2.

Conclusion
On peut conclure que lors de la conception d'une façade, la préférence devra être accordée à des matériaux présentant une faible transmission de chaleur et un coefficient de transmission lumineuse élevé. Le rayonnement solaire est le facteur le plus important concernant les comportements physiques de la façade. Il doit donc être bloqué afin d'éviter le réchauffement extrême de l'intérieur du bâtiment en été.

Le domaine infrarouge du spectre est celui qui engendre la plus grande quantité de chaleur et doit, par conséquent, être bloqué. Le coefficient de transmission lumineuse dépend de la transparence de la construction, critère clé là où les façades transparentes sont très appréciées.

DES CATÉGORIES DES CONSTRUCTIONS DE FAÇADE DE MEMBRANE

5.10 ——————————

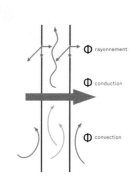

Les systèmes de membranes de façade présentent des propriétés importantes qui influent sur le fonctionnement physique des espaces qu'ils délimitent, notamment en ce qui concerne les trois types de transfert de chaleur traités sur les pages précédentes (5.10). Ils peuvent être différenciés suivant dans les catégories.

SYSTÈME BICOUCHE
Un système bicouche est composé de deux couches séparées par un espace contenant de l'air immobile. Il permet ainsi de limiter le transfert de chaleur par conduction. L'espace entre les deux couches peut également être ventilé à des fins de contrôle supplémentaire de la circulation de l'énergie.

MEMBRANES TRANSPARENTES
Les membranes transparentes laissent passer une grande partie de la lumière visible et infrarouge. Si elles sont utilisées à l'extérieur d'une construction, le réchauffement interne par rayonnement solaire du système de façade doit être pris en compte. Dans le cas d'une utilisation à l'intérieur, le réchauffement interne produit par la chaleur solaire atteignant des composants de la construction tels que les sols et les murs doit être pris en compte.

MEMBRANES OPAQUES
Les membranes opaques bloquent le rayonnement direct du soleil et s'utilisent donc principalement comme pare-soleil. Disposées à l'extérieur, elles empêchent la lumière du soleil de pénétrer dans la construction. Par ailleurs, elles absorbent le rayonnement solaire et se réchauffent sans pour autant fournir un chauffage solaire passif au bâtiment. Lorsque l'on applique une membrane opaque à l'intérieur d'une construction, ses propriétés d'émission d'énergie doivent être prises en considération car la membrane se réchauffe sous l'influence du rayonnement solaire.

SYSTÈME SEMI-OPAQUE
Le problème posé par les systèmes semi-opaques est le réchauffement interne provoqué par le rayonnement solaire direct. Avec un facteur solaire de 10% en été aux Pays-Bas, 100 W/m² pénètrent directement dans le bâtiment et risquent de le réchauffer.

MEMBRANES HERMÉTIQUES

Les membranes hermétiques ne laissent pas pénétrer l'air. La circulation d'air au travers de la construction est donc limitée.

MEMBRANES POREUSES

Les membranes poreuses permettent à l'air de se déplacer librement. Elles sont utilisées comme brise-vent et comme pare-soleil. L'air extérieur peut pénétrer dans l'espace entre les membranes.

LAME D'AIR VENTILÉE

Une lame d'air ventilée présente une circulation d'air forcée entre la membrane intérieure et la membrane extérieure. Ces mouvements d'air sont produits soit par une installation mécanique, soit par les différences de température ou de pression dans la construction. Un tel dispositif permet de réduire le réchauffement interne dû au rayonnement solaire ou d'obtenir de l'air chaud en vue de chauffer le bâtiment par action passive du soleil.

EXEMPLES D'APPLICATIONS TECHNIQUES

FAÇADE À DOUBLE PEAU

Dans le cas des façades à double peau, la surface textile est située à l'extérieur de la construction. Un espace ventilé est créé entre la membrane et la façade. La structure textile est utilisée pour la protection solaire et constitue également un élément important de l'aspect visuel du bâtiment. La membrane externe peut être à couche simple, à couches multiples, comme dans le cas des coussins, et isolée.

FAÇADE CLIMATIQUE

Une façade climatique est composée d'un mur-rideau et d'une seconde surface textile fixée derrière. Cette dernière assure la protection solaire en complément des installations de climatisation du bâtiment.

TOITS

Il existe de nombreux exemples de toits textiles pour les bâtiments permanents. Ils peuvent constituer des structures textiles simple couche, multicouches et isolées afin d'assurer la protection solaire et la climatisation du bâtiment.

ABRIS

Dans le cas de bâtiments et pavillons temporaires ou semi-permanents, la climatisation dépend du système utilisé. Pour ce type de construction, il on utilise généralement des membranes précontraintes ou gonflables.

TYPOLOGIE DES SYSTÈMES CONSTRUCTIFS

Les différentes méthodes de climatisation pour les constructions dotées de membranes peuvent être divisées en quatre types :

- membranes transparentes à l'intérieur de la construction ;
- membranes opaques à l'intérieur de la construction ;
- membranes transparentes à l'extérieur de la construction ;
- membranes opaques à l'extérieur de la construction.

D'autres propriétés des membranes permettent de réaliser des constructions avec des membranes poreuses, des membranes hermétiques et des membranes transparentes avec ou sans ventilation.

MEMBRANE TRANSPARENTE À L'INTÉRIEUR

Ce type de façade présente une ou plusieurs couches avec, à l'intérieur de la construction, une membrane transparente qui peut faire office de couche hermétique (5.11).

5.11

membrane à couche simple

membrane à couches multiples

membrane poreuse

membrane poreuse

membrane transparente

membrane transparente

façade/structure

ventilé

extérieur   intérieur

POSITION	À l'intérieur							
TRANSPARENT	Oui							
COUCHE	Simple				Multiple			
HERMÉTIQUE	Oui		Non		Oui		Non	
VENTILATION	Oui	Non	Oui	Non	Oui	Non	Oui	Non
PRINCIPE								

Une membrane perméable à l'air et transparente ne fournit ni ombrage ni isolation. Elle ne s'utilise que dans un but esthétique, quel que soit le nombre de couches qui la composent.

MEMBRANE OPAQUE À L'INTÉRIEUR

Une membrane opaque à l'intérieur d'un bâtiment peut être utilisée pour la protection contre le rayonnement solaire (5.12).

5.12

POSITION	À l'intérieur							
TRANSPARENT	Non							
COUCHE	Simple				Multiple			
HERMÉTIQUE	Oui		Non		Oui		Non	
VENTILATION	Oui	Non	Oui	Non	Oui	Non	Oui	Non
PRINCIPE								

MEMBRANE TRANSPARENTE À L'EXTÉRIEUR

Une membrane transparente peut être utilisée pour une construction de façade lorsque les conditions exigent une bonne visibilité (5.13). Dans ce cas, le réchauffement solaire peut être mis à profit, notamment en dotant le système d'une ventilation.

5.13

POSITION	À l'extérieur							
TRANSPARENT	Oui							
COUCHE	Simple				Multiple			
HERMÉTIQUE	Oui		Non		Oui		Non	
VENTILATION	Oui	Non	Oui	Non	Oui	Non	Oui	Non
PRINCIPE								

De même que les systèmes constructifs précédents, une membrane perméable à l'air et transparente, qu'elle soit à couche simple ou multiple, n'a pas de fonction technique et ne fournit ni ombrage ni isolation. Elle s'utilise uniquement dans un but esthétique.

MEMBRANE OPAQUE À L'EXTÉRIEUR

Une membrane opaque à l'extérieur de la construction empêche le rayonnement solaire d'atteindre la construction, réduisant ainsi la production de chaleur interne (5.14).

5.14

POSITION	À l'extérieur							
TRANSPARENT	Non							
COUCHE	Simple				Multiple			
HERMÉTIQUE	Oui		Non		Oui		Non	
VENTILATION	Oui	Non	Oui	Non	Oui	Non	Oui	Non
PRINCIPE								

5.15, 5.16

Projet pilote : Boogstal pour le bétail laitier à Dieteren, Pays-Bas.

ÉTUDE DE CAS

L'exemple ci-dessous fait partie d'un projet de recherche en physique du bâtiment mené par le groupe de recherche pour le développement de produits au département d'architecture, de génie civil et d'urbanisme de l'université technologique d'Eindhoven aux Pays-Bas. Il démontre les propriétés physiques et les qualités de climatisation passive des systèmes de façade utilisant des membranes. L'université, en collaboration avec un organisme formé par des bureaux d'études renommés, a développé un système constructif bon marché et flexible pour l'élevage laitier [Gijsbers, 2005]. Le Boogstal (« étable en tunnel ») a été créé selon la méthode SlimBouwen© appliquée à la technologie du bâtiment et au développement de produits [Lichtenberg, 2005]. Un projet pilote fut construit en 2006 à Dieteren dans le sud des Pays-Bas. Le bâtiment a été conçu pour fournir une température intérieure stable située entre 0 °C et 20 °C, correspondant à la zone de neutralité thermique pour le bétail laitier (5.15 et 5.16).

Détail du toit : ferme,
membranes supérieure
et inférieure avec ouver-
tures de ventilation.

La construction est composée d'une série de fermes métalliques. Entre deux arceaux adjacents, une membrane bicouche sert de couverture et permet de créer également un système de ventilation naturelle, ajustable selon les besoins d'air frais (5.17).

Le toit est conçu principalement pour limiter l'augmentation de la température intérieure lorsqu'il fait chaud à l'extérieur. Le bétail laitier supporte très bien les basses températures, le bâtiment n'est donc pas isolé. En revanche, les animaux sont très sensibles aux températures supérieures à 25 °C qui causent un stress de chaleur et diminuent drastiquement la production de lait. Le toit bicouche est composé d'une peau extérieure constituée d'un filet brise-vent ouvert à 55%, qui ralentit la vitesse du vent et, ce qui est très important, bloque la majeure partie du rayonnement solaire. La chaleur accumulée dans les membranes est partiellement évacuée vers la zone d'air tampon, située entre les deux couches, grâce à la convection. La chaleur de l'intérieur du bâtiment s'échappe par les nombreuses ouvertures de ventilation grâce au flux créé par la force ascensionnelle (appel d'air) et sous l'action des mouvements d'air d'une vitesse supérieure à 3 m/s (5.18).

Détail du toit : un filet brise
– vent au – dessus et une
bâche semi-transparente
en dessous.

- - - - - membrane ouverte
——— membrane fermée
········ membrane blanche fermée

1000 W/m²

ZONE D'AIR TAMPON

ouverture de ventilation

ouverture de ventilation

La couche inférieure, constituée d'une membrane plastique blanche fermée, protège le bâtiment de la pluie. En dessous des fermes, dont la partie supérieure est occultée, de petites bandes de ventilation sont fixées le long de l'arc de la structure. Cela permet d'obtenir une ventilation homogène et suffisante dans l'ensemble du bâtiment afin d'éviter les phénomènes de condensation et de maintenir la stabilité de la température et de l'humidité intérieure, examinées lors de la phase de test d'un an [Gijsbers *et al.*, 2007]. La membrane blanche empêche les rayons du soleil de pénétrer directement à l'intérieur, ce qui crée une transmission diffuse et naturelle de la lumière du jour. Ainsi, l'intensité lumineuse atteinte est généralement comparable aux conditions extérieures lors d'une journée nuageuse, et ce, quelle que soit la période de l'année. Cela constitue une amélioration notable du confort intérieur par rapport aux bâtiments traditionnellement utilisés pour le bétail laitier.

Si l'on compare le système mentionné ci-dessus à un toit normal à une couche, constitué, par exemple, de tôle métallique ou de plaques de fibrociment ondulées ou encore d'une simple bâche, la chaleur circulant dans le bâtiment lors d'une journée ensoleillée est réduite de 75% (T_a = 30 °C ; charge solaire = 1000 W/m²). La température de surface du matériau constituant le toit est également significativement réduite et atteint 85 °C dans le cas d'un toit monocouche et 35 °C sur une structure bicouche. Ces chiffres montrent que l'on obtient une nette amélioration du confort intérieur lorsque les températures extérieures sont élevées.

Cox, M.D.G.M. ; Gijsbers, R. ; Haas, T.C.A., « Applied Design of an Energy-Efficient Multi-Layered Membrane Roofing System for Climate-Control of Semi-Permanent Shelters », dans : *Proceedings of the 25th PLEA International Conference on Passive and Low Energy Architecture*, 22 au 24 octobre 2008, Kenny, P. *et al.* (éd.), University College Dublin, 2008.

Haas, T.C.A., « Boogstal voor de varkenshouderij », *Rapport de fin d'études*, Technische Universiteit Eindhoven, 2008.

Knoll, W.H. ; Wagenaar, E.J. ; van Weele, A.M., *Handboek installatietechniek*, Rotterdam : Stichting ISSO, 2002.

Lichtenberg, J.J.N., *Slimbouwen®*, Boxtel : Æneas, 2005.

Pronk, A.D.C. ; Haas, T.C.A. de ; Cox, M.G.D.M., « Heat-Adapting Membrane », dans : *Proceedings of Structural Membranes Conference*, Barcelone, 2007.

ANAIS MISSAKIAN,
KHIPRA NICHOLS
et LILIANE WONG

DE LA MATIÈRE PREMIÈRE AU PRODUIT FINI : LES TEXTILES INTÉRIEURS

Les textiles techniques se distinguent par leurs performances et leurs propriétés fonctionnelles, plus qu'esthétiques et décoratives. La distinction entre l'esthétique et la fonction reflète un siècle de développements importants dans ce domaine. Grâce aux apports de progrès technologiques spectaculaires, le textile moderne et ses caractéristiques ont permis des utilisations tout aussi spectaculaires et innovantes dans l'environnement intérieur. Plus récemment, les nanotechnologies ont apporté des possibilités jusqu'ici inconnues d'utilisation des textiles. Avec un potentiel très prometteur qui repousse les limites de leurs performances, leur rôle dans l'environnement intérieur va atteindre un niveau supérieur, et leur domaine d'utilisation va s'étendre au-delà des salons historiques et des bureaux modernes, pour gagner l'intérieur des salles d'urgence ou des vaisseaux spatiaux.

L'emploi historique des textiles dans l'environnement intérieur est plus courant sous forme de draperies, tapisseries, tapis et garnitures. Bien que ces applications aient des fonctions simples et intemporelles comme procurer de la chaleur, préserver l'intimité et protéger du soleil, les textiles étaient sélectionnés principalement sur des critères esthétiques. Les développements plus récents des composants de la fibre, des techniques de tissage et des traitements chimiques ont amélioré leurs qualités fonctionnelles, leur permettant de dépasser ce rôle décoratif.

Le chemin pour devenir des « textiles techniques », dont le nom même fait allusion à l'intégration de la technologie, se distingue par un esprit d'innovation qui a conduit à la découverte de nouvelles fibres et de processus de production inédits. Ces avancées résultent également d'une évolution de la pédagogie interdisciplinaire, qui reflète finalement les apports des domaines du textile, du design, de la science et de l'architecture intérieure.

Création d'un tissage entièrement composé d'acier inoxydable pour des panneaux acoustiques, par Sophie Mallebranche, au musée de la Chasse et de la Nature, hôtel de Guénégaud des Brosses, Paris, France. Prescripteurs : Jouve-Sazerat Vignaud Architectes.

Tissu composé de fibres aramides.

DÉVELOPPEMENT DES FIBRES

L'esprit d'expérimentation définit le développement de l'antique art des textiles, à la fois en améliorant les capacités des fibres naturelles et en en créant de nouvelles, synthétiques. Les fibres sont classées en trois types principaux : naturelle, polymère synthétique et polymère naturelle. Les fibres naturelles, telles que la laine, le coton et la soie, offrent de la résistance, absorbent les sons et l'humidité, et ont des propriétés thermiques et élastiques. Elles peuvent être teintes et réagissent aux produits chimiques. Les fibres naturelles telles que la rayonne ou les fibres métalliques sont considérées comme artificielles, car elles doivent subir un long processus pour produire du tissu. Les textiles métalliques sont durables, ignifuges, résistants à la corrosion et souples (6.1).

Les fibres synthétiques sont des produits manufacturés à partir de matériaux polymères tels que le polyamide (Nylon), le polyester, l'acrylique, le polypropylène et les fibres des groupes du métaaramide et du polyaramide, une classe présentant une forte résistance à la chaleur. Légère et flexible, la fibre aramide a pour particularité principale d'être résistante. Plus solide que la fibre de verre, elle est, à poids égal, cinq fois plus résistante que l'acier (6.2).

Les progrès sur le développement des fibres et du fil sont continus, non seulement en ce qui concerne les matériaux synthétiques, mais également ceux trouvés dans la nature. Les scientifiques étudient des méthodes permettant de promouvoir une plus grande production de fibres telles que la soie fabriquée par les araignées pour tisser leur toile, une fibre protéinique ayant une résistance naturelle élevée et des propriétés élastiques. À la suite des recherches pionnières menées par des géants de la chimie comme DuPont pour l'armée, le développement des fibres figure parmi les recherches technologiques les plus innovantes. Les textiles techniques proviennent de fibres spécifiques, filées et assemblées en tissus, dont la fonction est l'exigence première. Les caractéristiques des textiles techniques doivent remplir des critères tels que la solidité ou la ténacité, la flexibilité, la résilience, la résistance à l'abrasion, les capacités d'absorption, la résistance au feu et à la chaleur, la réactivité aux produits chimiques et la résistance. La recherche et le développement dans le domaine des fibres ainsi que des techniques et des technologies de construction textiles sont à la pointe du progrès dans le domaine des textiles techniques destinés à l'utilisation en intérieur.

Les textiles techniques sont généralement tissés, mais ils peuvent également être produits par tricotage, feutrage, tuffetage, en entrant dans la fabrication de dentelle, de filet et de non-tissés, ou par une combinaison de plusieurs de ces méthodes. La plupart des tissus sont bidimensionnels; cependant, un nombre de plus en plus important de structures tissées ou tricotées en trois dimensions sont développées et produites.

Les toiles tissées sont généralement composées de deux ensembles de fils entrelacés à angle droit. Les fils situés dans la longueur du tissu sont appelés fils de chaîne, tandis que les fils qui courent d'une lisière à l'autre forment les fils de trame. La résistance des textiles techniques, l'épaisseur, l'extensibilité, la porosité et la durabilité peuvent varier et dépendent de la structure du tissage, de l'espacement des fils, de la matière première, du fait de travailler avec des filaments continus ou des fibres courtes, du nombre et de la torsion des fils. Les toiles tissées offrent un potentiel de résistance et de stabilité plus important que toute autre structure textile.

Tandis que les types de structure de tissage sont nombreux, la plupart des textiles techniques tissés sont réalisés à partir de tissages simples. La majorité consiste en des structures de tissage basiques où un fil de trame est alternativement passé par-dessus et par-dessous un fil de chaîne. Un exemple d'une des nombreuses variantes est la structure de tissage leno, dans laquelle des doubles fils de chaîne sont entrelacés en une série de figures en huit, des fils de remplissage sont passés par chacun des interstices et solidement enserrés dans les torsions des fils de chaîne, permettant ainsi d'obtenir d'excellentes performances. La supériorité structurelle est également obtenue avec un tissage triaxial où l'élément structurel s'organise suivant trois directions. La souplesse de ce processus de tissage permet l'utilisation de motifs ou de matériaux multiples, afin d'obtenir un produit fin, léger, uniforme et d'une très grande efficacité.

Jusqu'à récemment, le métier Jacquard, conçu par Joseph Marie Jacquard en 1801, représentait l'une des plus importantes innovations en production textile. Le métier Jacquard mécanisé utilisait un système de cartes perforées et de crochets ; les crochets et les aiguilles étaient guidés par les cartes perforées. Des motifs et des structures complexes étaient obtenus en utilisant un certain nombre de cartes de manière séquentielle, organisées les unes derrière les autres et/ou utilisées de manière répétitive. Dans son aptitude à suivre un algorithme et sa capacité à stocker l'information sur des cartes perforées, le métier Jacquard était révolutionnaire et précurseur des métiers à tisser programmés par ordinateur. Le premier métier Jacquard électronique a été créé en 1983, éliminant la nécessité de créer des motifs répétés et symétriques et permettant une polyvalence presque infinie. La technologie du tissage tridimensionnel, avec ouverture de pas bidirectionnelle, a été récemment développée. La flexibilité inhérente à cette technologie a permis des expérimentations avec tous types de fibre ou de combinaison de fibres afin de tisser des structures tridimensionnelles, en coque ou tubulaires. Une de ces technologies a été baptisée Jacqform, un processus breveté qui intègre des motifs de tissage Jacquard avec la géométrie du produit, créant des composants avec des coutures intégrées, spécifiquement conçues pour le produit et différenciées suivant les emplacements (6.3).

6.3 —————————————————————

Jacqform.

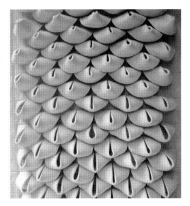

Coupés, cousus et finis
à la main, les textiles
d'Anne Kyyrö Quinn
transforment les tissus
bidimensionnels en tex-
tures tridimensionnelles.

AHIT, "A Hole in Textile"
(« Un trou dans le tissu »),
textile découpé au laser
par Camilla Diedrich.

LES TRAITEMENTS

Les progrès scientifiques et technologiques s'associent à ceux du développement des fibres pour transformer les textiles techniques. Les traitements peuvent apporter une multitude de performances aux textiles, allant de l'amélioration de la durabilité et des capacités hydrofuges à la résistance au rétrécissement, aux plis, au froissement, à la moisissure, à la salissure, aux taches, à l'électricité statique et au feu. Le traitement des textiles est de plus en plus important. Afin de prendre en compte la diversité des apparences, des formes, des textures et des performances, les traitements sont de plus en plus polyvalents et peuvent être appliqués à différentes étapes de la fabrication du textile. Les processus varient énormément, depuis des versions high-tech de traitements existants, comme des revêtements ou des stratifications, jusqu'aux impressions, gaufrages, moulages et sculptages, un récent développement qui permet d'utiliser des ultramicrofibres thermoplastiques pour créer des surfaces en haut-relief sur une structure tridimensionnelle (6.4, 6.5).

S'inspirant d'un principe d'empesage couramment utilisé au XIXe siècle pour faire des vêtements résistants aux taches et aux plis, le trempage des toiles dans diverses solutions est maintenant un processus commun de finition des textiles. Depuis les années 1990, des agents de traitement sont utilisés pour obtenir différentes caractéristiques de tissus. Ces possibilités semblent illimitées, depuis les revêtements en formaldéhyde, résistants au froissement, jusqu'aux revêtements biocidiques. Un autre type de finition est réalisé par contre-collage. Des contre-collages visibles peuvent créer un effet visuel surprenant grâce à l'utilisation de matériaux qui reflètent ou réfractent la lumière, ou peuvent même produire des effets holographiques en trois dimensions. Des contre-collages invisibles peuvent créer des toiles hautes performances telles que le Gore-Tex qui comprend une couche de polytétrafluoroéthylène (PTFE), perméable à l'air et qui empêche la pénétration de l'humidité[1].

Une découverte capitale pour les applications intérieures est le développement de revêtements retardateurs au feu conforme aux classifications internationales en matière de sécurité incendie. Les tissus destinés à une utilisation intérieure sont trempés dans des bains de solution de retardateur de feu, principalement formulés à partir d'acide borique et de borax. Les textiles utilisés à l'extérieur sont trempés dans de la paraffine chlorée, des résines synthétiques chlorées ou de la gomme chlorée. La norme d'efficacité de ces traitements est déterminée par le poids de produit chimique restant une fois les matériaux secs. Ces traitements offrent cependant peu de résistance à une exposition au feu intense. Une alternative aux traitements réalisés après la production permet de satisfaire à la classification au feu en utilisant des fibres et des fils ignifugés de manière permanente. Ce procédé permet de créer un tissu aux propriétés ignifuges fermement ancrées dans la fibre, de manière à ce qu'elles ne soient pas affectées par les influences externes.

En général, la tendance est de s'éloigner du traitement des tissus par revêtement ou contre-collage pour aller vers l'amélioration des fibres au niveau nanométrique, leur permettant ainsi de mieux répondre à des exigences fonctionnelles spécifiques. De plus, des tissus sont actuellement développés, dont les fils sont associés à des composants résistants aux taches, à l'eau ou aux bactéries, au cours du processus de tissage.

Afin de répondre à l'augmentation de la demande en textiles protégeant l'environnement et préservant les ressources sans présenter de risques pour la santé, des tests pour ajouter des additifs sont en cours dans différents laboratoires commerciaux. Ce travail se fait en conformité avec plusieurs normes internationales. La certification Oeko-Tex limite le niveau de certains produits chimiques dans les produits textiles. La norme Bluesign met un outil proactif à la disposition de la totalité de la chaîne de production textile, depuis la matière première et les fournisseurs de composants, jusqu'aux fabricants de textiles, aux entreprises de distribution et aux marques, ainsi qu'aux consommateurs. D'autres normes incluent l'Intertek Eco-Certification, le Global Organic Textile Standard (GOTS) et la certification WRAP (Worldwide Responsible Apparel Production Principles).

APPLICATIONS DANS L'ENVIRONNEMENT INTÉRIEUR

Les développements dans le domaine des fibres et des traitements ont amélioré les propriétés des textiles, élargissant leur champ d'utilisation dans les environnements intérieurs. Des propriétés clés comme la portance, des propriétés acoustiques améliorées, la résistance aux UV et le contrôle de la lumière ont inspiré de nouvelles applications.

RÉSISTANCE

L'augmentation de la résistance est l'un des facteurs principaux de la transformation des textiles techniques. Elle a permis aux textiles de jouer un rôle structurel dans lequel les charges sont reprises à la fois par la membrane de tissu et par la structure qui supporte celle-ci. Les tissus structurels sont constitués d'une base de toile tissée, stabilisée et protégée par un revêtement appliqué sur les deux faces, qui assure l'intégrité de la fibre tout en lui donnant sa souplesse. Les tissus structurels les plus souvent utilisés pour des applications intérieures sont : le polyester laminé ou revêtu de PVC, la fibre de verre tissée revêtue de silicone et les toiles de verre revêtues de PVC ou de PTFE. Typiquement, les valeurs moyennes de force de tension varient entre 300 et 1100 daN/5 cm selon les différents types.

Les formes en toiles tendues présentent une intégrité structurelle qui permet de créer des cloisons intérieures, des demi-murs et des plafonds, mais également des pièces entières. Par exemple, un ruban de tissu courbe continu, composé de Lycra classé antifeu et installé dans l'auditorium de musique de chambre J.-S. Bach à Manchester, fonctionne à la fois comme mur, demi-mur, rampe, plafond et réflecteur améliorant l'acoustique, tout en délimitant les espaces scéniques (6.6).

Auditorium de musique
de chambre J.-S. Bach,
Manchester, Grande-
Bretagne. Zaha Hadid
Architects.

À l'hôtel MiNO de Miglia-
rino en Italie, des structures en toiles tendues
servent de pièces indivi-
duelles. Antonio Ravalli
Architetti.

Incluant également des textiles tendus sur des cadres, de telles structures sont autoporteuses et souvent indépendantes (6.7).

En tant que membranes soumises à de fortes tractions, ces formes ne sont pas limitées
au vocabulaire constructif fondé sur des composants orthogonaux, mais peuvent suivre
des courbes complexes et avoir des profils non conventionnels. Les formes complexes sont
obtenues grâce à l'utilisation de techniques de modélisation tridimensionnelle, assistées
par ordinateur, qui permettent de soumettre le tissu, tendu au maximum de sa résistance,
à des contraintes complémentaires (6.8, 6.9).

Les capsules de sémi-
naire "Cloud" (« Nuage »)
et "Spiky" (« Piquant »)
du Queen Mary Hospi-
tal School of Medicine
& Dentistry à Londres en
Grande-Bretagne sont
des exemples de formes
complexes en textiles
tendus. Will Alsop.

Les structures gonflables ou pneumatiques peuvent être formées de membranes remplies
d'air. Il s'agit de structures en traction dans lesquelles la pression constante de l'air oblige
le tissu à prendre une forme à double courbure. Elles sont inspirées d'applications hautes
performances extérieures à l'industrie de la construction, telles que les radeaux de com-
bat gonflables de l'armée ou les airbags de l'industrie automobile. Du fait des pressions
extrêmes engendrées par l'air, ainsi que du collage ultra-résistant nécessaire aux niveaux
des coutures des membranes, ces structures doivent être constituées de toiles tissées
à partir de fibres renforcées. Composé de textile hermétique, ce type de structure peut
servir d'éléments intérieurs autoporteurs, comme dans les pavillons d'exposition ou pour
les cloisonnements de bureau (6.10).

Structures gonflables
utilisées comme cloison-
nements de bureaux,
"Office in a Bucket", de
Inflate Design.

Les formes constituées d'une membrane simple couche sur le modèle des airbags de l'industrie automobile utilisent l'air même comme support (6.11). Les structures pneumatiques
sont en général légères et requièrent moins d'énergie pour la construction et le transport
que des structures conventionnelles. Elles sont pertinentes dans des applications de
réutilisation adaptatives, où, en tant que pièces légères, elles peuvent être facilement
intégrées à l'infrastructure d'un bâtiment existant imparfait (6.12).

La salle de réunion gon-
flable Nuage de Monica
Förster utilise en partie
l'air comme support.

Le bar MYU, conçu
par Paul Kaloustian,
se situe dans une
ancienne manufacture
de liqueur à Beyrouth,
au Liban.

ACOUSTIQUE

Lorsqu'ils étaient utilisés en couches denses, les tissus avaient traditionnellement un rôle acoustique du fait de leurs qualités absorbantes intrinsèques. De récents travaux ont envisagé des approches moins conventionnelles pour la conception de surfaces d'absorption phonique, non seulement en utilisant des matériaux nouveaux, mais également en réinventant les matières traditionnelles. La laine, habituellement utilisée en panneaux acoustiques plats, est transformée en surfaces tridimensionnelles hautement absorbantes (6.13, 6.14).

6.13, 6.14 ——

Le mur acoustique du bureau de Bovis Lend Lease à Londres en Grande-Bretagne, créé par Anne Kyyrö Quinn.

SCI-Arc Auditorium, Los Angeles, États-Unis. Le plafond acoustique en laine conçu par Hodgetts and Fung Architects.

Une autre approche innovante de l'absorption phonique fait appel à des textiles nouveaux qui se différencient de ceux traditionnels par leur épaisseur. Alors que de telles applications requéraient auparavant de la masse (les panneaux acoustiques traditionnels avec enrobage textile ont une épaisseur de 25 à 50 mm), les nouveaux textiles, grâce à l'utilisation de fibres synthétiques et de revêtements, peuvent présenter des niveaux supérieurs d'absorption phonique, avec des épaisseurs pouvant se réduire à 0,18 millimètre. Ces tissus en polyester revêtus de PVC, solides et résistants au feu, sont perforés de trous variant en taille et en espacement. Ce matériau acoustique microperforé absorbe le son par résonance et les microperforations convertissent celui-ci en chaleur. Le frottement visqueux de l'air passant au travers des perforations est renforcé par résonance dans le volume d'air situé entre le matériau et le mur sur lequel il est fixé, générant des propriétés acoustiques impressionnantes. Dans de telles applications, les textiles sont souvent tendus suivant des angles optimaux, sous les plafonds et le long des murs. Les taux d'absorption varient selon le type de tissu ainsi que l'épaisseur et le contenu du plénum situé derrière le tissu. Les textiles techniques peuvent également fonctionner comme surfaces réfléchissantes. La capacité de réflexion du son et d'amélioration de sa distribution dans un espace donné est permise par la rigidité du matériau, obtenue par le tissage serré des fibres combiné à des revêtements tels que le Téflon ou le vinyle. Caractérisées par leur courbure, les structures tendues permettent une infinité de permutations pour des stratégies réflectives (6.15).

6.15 ——

Plafond en tissu Nomex, de l'Experimental Media and Performing Arts Center (EMPAC), de l'Institut polytechnique de Rensselaer à Troy, États-Unis. Nicholas Grimshaw.

RÉSISTANCE AUX UV – CONTRÔLE DE LA LUMIÈRE

Les textiles synthétiques contemporains ont une meilleure aptitude à offrir une protection solaire, grâce aux facteurs de transmission solaire, de réflexion et d'absorption du tissu. Les tissus couramment utilisés pour cette application sont en fibre ou en filet de verre avec un revêtement, enduit de vinyle (PVC) soit fil par fil, soit une fois tissé. Le tissu composite offre résistance et stabilité dans des conditions extrêmes de température, de climat et d'exposition aux UV. Des écrans, stores et autres pare-soleil textiles, constitués de ce matériau, peuvent bloquer jusqu'à 90%[2] des rayons UV, tout en évitant les déperditions de chaleur en hiver. Les dispositifs de protection solaire sont des applications classiques pour les espaces intérieurs présentant de grandes surfaces vitrées et de verrière (6.16).

6.16 ────────────────────────────────

Le système de poursuite solaire de Jardine Insurance à Londres en Grande-Bretagne a été amélioré par un système d'exploitation intelligent intégré, lui permettant de tourner en suivant le mouvement du soleil.

Le contrôle de la lumière est déterminé par les caractéristiques optiques du tissu. Celles-ci incluent le facteur d'ouverture, qui dépend du pourcentage d'ouverture dans le tissu. Le facteur de transmission de la lumière visible est également déterminé par la couleur du tissu et sa capacité à réfléchir la lumière visible. Grâce à la combinaison de ces différentes caractéristiques, le concepteur peut contrôler les niveaux de lumière et produire l'effet désiré pour chaque espace intérieur, selon l'usage auquel il est destiné (6.17, 6.18).

6.17, 6.18 ────────────────────────────────

Une membrane de plafond courbe translucide offre une atmosphère diffuse favorisant l'introspection à l'église de St. Franziskus à Regensburg-Burgweinting, en Allemagne.

Panneaux de plafond en membrane translucide, offrant une lumière blanche homogène, musée Brandhorst, Munich, Allemagne.

Les fonctions de contrôle de la lumière d'un textile s'étendent au-delà du domaine de la lumière naturelle, et incluent celui de la lumière artificielle et de ses dispositifs. Les plafonds textiles peuvent facilement intégrer différents types d'éclairage. Tandis que les dispositifs conventionnels à incandescence ou à fluorescence s'adaptent dans des plafonds génériques, la fibre optique ou les LEDs peuvent être suspendues au-dessus, voire incrustées dans le textile afin d'obtenir des couleurs et des effets spéciaux (6.19).

Le fond de la mer est projeté sur le plafond en textile et éclairé de l'intérieur. Centre d'accueil des visiteurs, parc national de l'île de Cabrera, Majorque, Espagne.

Des structures autoporteuses couvertes de textile intégrant une source lumineuse peuvent servir d'éclairage et, en y ajoutant des impressions, de signalisation.

PERSPECTIVES

L'amélioration du potentiel de performance des textiles a inspiré des approches inventives pour leur utilisation en intérieur. La grande résistance et la légèreté des nouveaux matériaux synthétiques tels que la fibre de carbone ont donné naissance à de nombreuses utilisations, depuis le mobilier (6.20) jusqu'aux cloisons intérieures. Cet esprit d'innovation, bien qu'inspiré par la nouveauté, s'étend également à l'ancien, repensant à la fois les moyens et les méthodes. Au travers de simples détails de fixation ou de procédés de moulage high-tech, la pièce de tissu traditionnelle peut être transformée en objet tridimensionnel, engendrant des éléments de décoration intérieure aux textures riches et uniques (6.21, 6.22, 6.23).

6.20

L'utilisation innovante de la fibre de carbone en intérieur part des chaises et s'étend jusqu'aux murs.

6.21

Formes souples tridimensionnelles créées en liant des carrés de toile entre eux. Showroom Kvadrat, Copenhague, Danemark.

Des murs composés de briques en mousse et toile offrent une absorption phonique. Showroom Kvadrat, Stockholm, Suède.

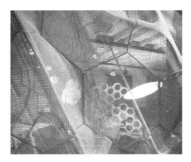

Les textiles sont formés en trois dimensions pour constituer des rayons hexagonaux légers et renforcés qui peuvent servir de murs ou d'écrans.

Les progrès technologiques des dernières décennies du xxᵉ siècle ont amélioré les qualités naturelles des tissus, générant des textiles qui répondent aux exigences spécifiques du design intérieur innovant d'aujourd'hui. Au xxiᵉ siècle, le rôle de la technologie a changé. Auparavant considérée comme un outil, la technologie est maintenant intégrée et exprimée dans le design. Dans le domaine des textiles, « les fibres, les tissus et les techniques du textile font de plus en plus corps avec la technologie[3] », offrant des surfaces qui répondent à plusieurs exigences. Ils sont multifonctionnels, et leurs applications multidisciplinaires. Cet effacement des frontières, en particulier entre les domaines du textile, du design et de l'architecture intérieure, promet un nouveau futur au rôle joué par les textiles techniques.

Cette tendance a commencé à la fin des années 1990 dans l'industrie de la mode, avec l'intégration d'équipements – appareils photographiques, microphones et haut-parleurs – dans l'habillement. Ces textiles incrustés permettaient à ceux qui les portaient de déclencher manuellement une interface avec un portail d'information. Ces innovations ont inspiré une catégorie nouvelle de tissus : les textiles électroniques, ou e-textiles, des toiles tissées de fibres capables de conduire des impulsions électriques et de transporter des informations. Les fibres et les textiles conducteurs permettent des applications importantes, non seulement dans les domaines médicaux et militaires, mais également en ingénierie et en architecture. Ils sont produits par l'adjonction de diverses formes de carbone ou de métaux dans les fibres et les fils, leur conférant ainsi des propriétés électriques. Des scientifiques travaillant avec les nanofibres manipulent des atomes et des particules afin de produire des fibres qui peuvent aller jusqu'à 0,001 µm. Ce travail sur de très petites unités permet de produire des fibres dotées de caractéristiques de performance spécialisées, qui vont d'une meilleure tenue des couleurs à une amélioration de la résistance à l'humidité.

Les développements récents ont également permis la création de surfaces recouvertes d'une nanocouche de «molécules multifacettes [qui] permettent au tissu de percevoir et de s'adapter à une grande variété de conditions auxquelles il est soumis[4] ». Grâce à la nanotechnologie, le traitement se fait au niveau moléculaire en fixant de manière permanente des particules à l'échelle nanométrique sur chaque fibre. L'utilisation des nanotechnologies permet aux fabricants d'améliorer la fonctionnalité, d'augmenter les performances et d'utiliser moins d'additifs, tout en maintenant les qualités du tissu. Fondée sur le comportement des nanoparticules, cette recherche a augmenté le potentiel des traitements pour tissus, permettant d'obtenir des textiles avec une résistance améliorée à l'eau, aux taches, au froissement, voire même aux agents pathogènes tels que les bactéries et les champignons. Grâce à cette capacité de percevoir et de réagir au travers d'impulsions relayées, les textiles peuvent maintenant émettre de la lumière, réagir au toucher ou à la chaleur. Ces e-textiles ont élargi de manière importante les possibilités des textiles techniques. Bien que nombre d'entre eux n'en soient qu'au stade de la recherche ou du prototype, ils portent en eux un futur prometteur pour l'environnement intérieur, avec de nouvelles fonctions issues des possibilités apparemment infinies du développement des fibres.

Avec ces nouvelles possibilités, les propriétés de résistance, d'acoustique et de contrôle de la lumière ont augmenté le futur potentiel. Des fibres extrêmement solides, telles que le nickel ou l'argent, des para-aramides résistantes à la chaleur ou des plaquages métalliques produisent des textiles qui sont respectivement pare-balles (Kevlar), résistants aux morsures des chiens (Twaron) et aux déchirures (Polyment), et offrent des applications possibles dans des environnements placés sous haute sécurité et des espaces de grande circulation. Des filaments de verre tissés dans des toiles sont capables de détecter et de produire des sons. Des textiles rétroréflectifs, tissés de billes de verre microscopiques, ont la capacité de refléter la lumière même dans des environnements ayant un niveau lumineux bas et peuvent potentiellement être utilisés dans des espaces dépourvus de fenêtre ou peu éclairés. Des toiles tissées avec des fibres optiques, des LEDs colorées ou des câbles électroluminescents peuvent émettre, voire produire de la lumière. À l'heure actuelle, elles permettent des applications qui vont de tapisseries émettrices de lumière (6.24) à des housses de mobilier lumineuses (6.25) et des papiers peints en fibre optique produisant de la lumière (6.26) à des toiles tissées de LEDs intégrant des images digitales et des couleurs.

6.24, 6.25 ——————————————————————————————————————

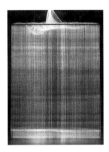

"Blue", textile électronique présenté lors d'une exposition au musée des Arts décoratifs du Danemark, 2002.

Housses en textile lumineux Luminex.

6.26 ——————————————————————————————————————

Papier peint lumineux éclairé par des fibres optiques, conçu par Camilla Diedrich.

Le toucher active les propriétés de changement de couleur du panneau mural et permet à l'utilisateur de laisser une empreinte.

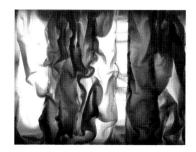

Slow Furl, une création originale de Ramsgard Thomsen & Bech, est un système textile qui réagit aux mouvements de l'occupant dans l'espace.

Les performances de cette future vague de textiles s'étendent bien au-delà d'une amélioration des capacités visant à obtenir des multifonctionnalités et à élargir le champ d'utilisation. Les applications ne sont plus seulement destinées à remplir une fonction spatiale, car d'autres s'ajoutent à celle-ci telles que le diagnostic émotif ou médical, la surveillance ou la production d'énergie. Les textiles techniques ont les capacités de fixer, mais également de rendre tangible l'expérience humaine dans les limites de son environnement intérieur. Les tissus thermosensibles, par exemple, qui incorporent des cristaux changeant de couleur, permettent à l'utilisateur d'interagir avec un textile, lui apportant une expérience sensorielle plus riche des objets intérieurs tels que les murs ou le mobilier (6.27). Les pionniers dans le domaine des membranes robotiques expérimentent l'incrustation de technologies de l'information et de systèmes digitaux dans des textiles qui peuvent ensuite bouger, s'ouvrir, se fermer ou onduler en réaction à une présence humaine (6.28).

Il existe également des potentialités d'expériences interactives d'une autre nature, expériences qui améliorent la condition humaine. Des tissus revêtus de nanoparticules de dioxyde d'argent sur du fil de Nylon ou en association avec du dioxyde de titane deviennent des textiles antimicrobiens qui sont autonettoyants, résistants aux taches et aux odeurs et qui pourraient avoir un impact mondial sur la santé. Un tissage équipé de modules électroniques et d'électrodes a une fonction de diagnostic, les textiles pouvant ainsi mesurer les signes vitaux et transmettre les données à différents appareils, depuis des radios ou des téléphones jusqu'à l'Internet. Le tissage intégrant des fibres de cellules sensorielles associées à des modules radios et des détecteurs de proximité permettent aux textiles de repérer les mouvements. Utilisés dans des chambres d'hôpitaux ou des maisons médicalisées, ces textiles peuvent réagir et sauver des vies (6.29).

Équipé de microélectronique, de détecteurs et d'un module radio, Sens Floor© de Future-Shape est un système de revêtement de sol utilisant un filtre de reconnaissance intelligent qui peut détecter la présence, le nombre et le mouvement des personnes.

Les développements actuels et le potentiel futur des textiles techniques ont un impact important sur l'environnement intérieur et au-delà. Dans la salle de concert principale de la Casa da Música de Porto, la solution à un défi acoustique unique a été trouvée, en partie grâce à de multiples couches de rideaux, chacun ayant une fonction spécifique ; un rideau acoustique, un rideau oblitérant, un voile transparent réfléchissant le soleil et un « filtre visuel » constitué d'un filet ample, noué manuellement. Les rideaux de Petra Blaisse sont devenus synonymes du projet, réputé à la fois par son impact fonctionnel et poétique (6.30).

Blaisse remarque que le concept de rideau « influençait l'architecture [5] ». On peut voir cela dans des recherches récentes où des projets sont élaborés à partir des futures possibilités des textiles techniques parallèlement à des interfaces extrêmes. Un de ces projets innove dans le concept de rideau en remplaçant la façade d'une maison par un rideau de textile technique qui a la capacité de stocker l'énergie solaire. Ainsi, on observe la transformation complète du textile, quittant sa forme antique de draperie, historiquement à usage décoratif, pour jouer le rôle éminemment fonctionnel d'une future source d'énergie. L'environnement intérieur porte en lui la promesse d'une nouvelle frontière où les textiles techniques ont un rôle à jouer.

6.30

Les rideaux cumulés de Petra Blaisse dans la salle de concert principale de la Casa da Música d'OMA à Porto, au Portugal.

Des remerciements particuliers à Patricia Lomando.

1   Braddock Clarke, Sarah et O'Mahony, Marie : *Techno Textiles 2 : Revolutionary Fabrics for Fashion and Design*, Londres : Thames & Hudson, 2007.

2   Des produits tels que le E-Screen de Mermet offrent jusqu'à 90% de protection, tandis que d'autres, comme la membrane PVC/PES de Koch offrent jusqu'à 75%.

3   Quinn, Bradley, *Textile Futures: Fashion, Design and Technology*, New York : Berg Publishers, 2010, p. 5.

4   *Ibid.*, p. 70.

5   McGuirk, Justin et Blaisse, Petra, magazine en ligne *Iconeye* (www.iconeye.com), Icon 038, août 2006.

ROLF H. LUCHSINGER

TENSAIRITY : LA NOUVELLE STRUCTURE LÉGÈRE

INTRODUCTION

Les textiles techniques sont utilisés en architecture et en construction depuis plusieurs dizaines d'années. Avec la réalisation de grands bâtiments comprenant des couvertures ou des parements en tissus high-tech, les textiles techniques ont gagné en importance et sont parfois considérés comme le sixième matériau de construction, après la pierre, le bois, l'acier, le béton et le verre. Une des raisons menant à l'utilisation de tissus pour des structures importantes est leur légèreté. La résistance des tissus fonctionne uniquement en traction, ce qui est le moyen le plus efficace de reprendre les charges au sein d'une structure. La large diffusion des textiles techniques dans les domaines de l'architecture et de la construction a été rendue possible par l'amélioration des propriétés des fibres et, parallèlement, le développement des outils informatiques. En effet, les répartitions des charges engendrées par une structure en tissu relèvent d'une procédure de conception et de construction nécessitant des ordinateurs puissants.

Parmi les structures textiles, les systèmes pneumatiques ont toujours joué un rôle important[1-3]. Ils trouvent une application dans les abris gonflables pour des utilisations saisonnières, par exemple dans les courts de tennis (7.1), et peuvent être utilisés comme poutres pour des emplois spécifiques. Ces « poutres gonflables » ont prouvé leur efficacité dans divers domaines de niche, par exemple comme tentes (7.2) ou comme supports publicitaires (7.3). L'entreprise Festo présenta en 1996 un hall composé d'une structure de poutres gonflables, appelé « airtecture »[4]. Ces utilisations éphémères tirent avantageusement profit des propriétés les plus évidentes des structures pneumatiques : compacité du volume de transport et de stockage, montage rapide et facile, légèreté. Cependant, l'application potentielle des poutres gonflables en architecture et dans le génie civil est très limitée, principalement du fait de leur faible portance. Le tissu composant ces éléments ne peut reprendre les charges en compression que jusqu'à son niveau de précontrainte, déterminé par la pression de l'air contenu.

L'abri gonflable comme exemple d'une structure maintenue par l'air. L'ensemble du volume est rempli d'air à basse pression.

Poutres gonflables comme éléments structurels de base pour de petites tentes.

Poutre gonflable comme élément structurel de base pour un support publicitaire.

Même une pression d'air relativement importante d'1 bar, soit 10^5 N/m², reste mille fois inférieure à la limite d'élasticité d'un métal tel que l'acier. Ainsi, les poutres gonflables appartiennent à une catégorie de charge et de déflection différente des structures conventionnelles et ne peuvent être utilisées que lorsque de grandes déformations, même dans le cas de charges modérées, sont acceptables. Il est tentant d'augmenter la portance d'une poutre gonflable grâce à une pression d'air élevée. Cependant, l'accroissement de la pression intérieure entraîne des tensions importantes dans le tissu, qui peuvent seulement être compensées par l'emploi de fibres présentant une grande résistance à la traction et dont le coût est élevé. De plus, l'énergie emmagasinée dans la poutre augmente, ce qui induit des problèmes de sécurité et d'herméticité. En conclusion, des poutres gonflables sous haute pression ont une utilité uniquement pour des types de bâtiments tels que les abris militaires[5], et ne peuvent être envisagées comme des solutions valables pour l'architecture civile.

Le but du nouveau concept structurel Tensairity[6] est de s'affranchir des inconvénients liés à la portance insuffisante des poutres gonflables afin de les rendre utilisables comme structures de base en architecture et dans le génie civil. Ce chapitre en décrit brièvement la technologie, le concept de base ainsi que les résultats récents des recherches en cours. Les premières applications, telles que le parking de la gare de Montreux, seront détaillées afin d'envisager le développement actuel de cette technologie.

LA TECHNOLOGIE

Le concept de base de Tensairity est d'augmenter la rigidité d'une poutre gonflable grâce à l'intégration de câbles et de traverses. La poutrelle standard est constituée d'une poutre gonflable cylindrique, d'une traverse en compression fermement connectée à la poutre, et de deux câbles en tension enroulés en spirale autour de la poutre et fixés à chaque bout de la traverse en compression (7.4). Les forces de tension et de compression générées par les efforts de flexion sont reprises respectivement par la traverse et les câbles. Le rôle de la poutre gonflable est de répartir le transfert des charges entre les éléments en tension et en compression, et de stabiliser l'élément sollicité pour éviter qu'il ne flambe.

7.4

élément en compression

poutre gonflable

câble

Les éléments de base d'une poutrelle Tensairity.

Des expressions analytiques simples ont été développées pour dimensionner l'enveloppe ainsi que les éléments en compression et en tension pour une poutrelle Tensairity soumise à des efforts de flexion. Selon les principes de base de la structure Tensairity, le moment de flexion d'une charge donnée permet de déterminer les forces dans les éléments en compression et en tension[7]. Pour une charge q répartie de manière homogène, la force dans l'élément de tension est estimée par la formule

(1)
$$T = \frac{q \cdot L \cdot \gamma}{8}$$

L représentant la portée et γ le coefficient d'élancement de la poutrelle, défini comme le rapport entre la portée et le diamètre de celle-ci. Dans la mesure où les câbles sont connectés à l'élément en compression, les forces de tension lui sont transférées. Il faut donc prendre en compte le flambement. L'élément en compression est solidement connecté à l'enveloppe de la poutre gonflable et on peut considérer cette dernière comme une fondation élastique pour l'élément en compression. Le module d'élasticité de cette fondation dépend de la pression de l'air. Une estimation simple des charges de flambement est donnée par

(2)
$$P = 2 \cdot \sqrt{\pi \cdot p \cdot E \cdot I}$$

p étant la pression de l'air et $E \cdot I$ la rigidité à la flexion de l'élément en compression. Ainsi, pour une pression donnée, la rigidité à la flexion de l'élément sollicité peut être déterminée pour que sa capacité de résistance au flambement soit supérieure aux efforts de compression transmis par les câbles (équation 1). La valeur usuelle de la pression d'air pour des poutrelles Tensairity soumises à des charges uniformes est de l'ordre de 100 mbar.

Tensairity

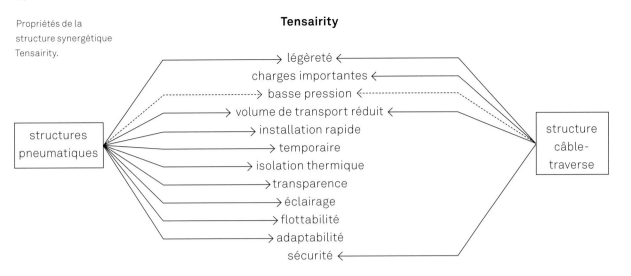

La force de tension uniforme dans l'enveloppe de la poutre gonflable *n* est donnée par

$$n = p \cdot R$$

(3)

R correspondant au rayon de l'enveloppe. Avec un degré d'approximation satisfaisant, *n* est indépendant des charges appliquées. Les équations 1 à 3 permettent un premier dimensionnement des éléments de compression et de tension ainsi que de l'enveloppe d'une poutrelle Tensairity, et ont prouvé leur fiabilité dans le cas des nombreuses structures construites ces dernières années.

Des formes de poutrelles Tensairity non cylindriques ont été envisagées. On a ainsi découvert qu'une forme en fuseau permettait d'augmenter la rigidité des structures[8,9]. Une autre découverte importante est que la pression d'air est déterminée par la charge superficielle et indépendante de la portée ou de l'élancement d'une structure Tensairity. Ce phénomène est intéressant, surtout quand on envisage des structures de grande portée. Le mot « tensairity » provient de la combinaison des mots « tension », « air » et « integrity » ou, alternativement, de la combinaison de « tensegrity » et « air »[10].

L'alliance de la souplesse et de la rigidité, de la faiblesse et de la force au sein du concept de Tensairity mène à une multitude de propriétés intéressantes (7.5). Chaque caractéristique peut être associée soit à la poutre gonflable soit à la structure câble-traverse sous-jacente. La légèreté et le faible volume de transport sont des qualités inhérentes aux deux systèmes. La capacité de portance élevée est assurée par la structure câble-traverse, tandis que l'installation rapide, la nature temporaire, l'isolation thermique, les possibilités d'éclairage et de mise en flottaison ainsi que l'adaptabilité sont des caractéristiques de la structure pneumatique. La faible pression d'air est une propriété résultant de la combinaison des deux structures. C'est la somme de toutes ces propriétés qui fait de Tensairity une structure unique et les applications idéales sont toujours celles qui bénéficient de plusieurs de ces atouts. Un certain nombre de structures Tensairity permanentes, telles que des systèmes de couverture et un pont, ont été réalisées à ce jour. Tensairity est également très adaptée à des applications temporaires, grâce à sa légèreté, son volume de transport compact, les possibilités d'installation rapide et facile, le tout combiné à une capacité de portance élevée.

Machine de mise en tension biaxiale à l'Empa pour la détermination des propriétés mécaniques des tissus

RECHERCHE ET DÉVELOPPEMENT

Étant donné que Tensairity combine des matériaux et des composants aux propriétés variées, par exemple en termes de pression de l'air, de tissus de l'enveloppe, de câbles et traverses, le système structurel qui en résulte est très complexe. Il a donc été essentiel de mener en parallèle des travaux de recherche et de développement, afin de comprendre le comportement structurel, les forces et les limitations du concept et d'améliorer encore le système. La finalité ultime était de permettre que la technologie soit largement utilisée et appliquée par les ingénieurs. De ce fait, des formules simples pour un prédimensionnement rapide des structures Tensairity, des méthodes de calcul numérique et les normes d'utilisation se relèvent d'une grande importance. À cette fin, des poutrelles en forme de fuseau soumises à des contraintes de flexion locales[9,11] et réparties[9,12], ont été étudiées sur un banc d'essai (7.7). L'étude de colonnes Tensairity soumises à une compression axiale (7.8) a montré que leur rigidité et leur capacité de portance sont comparables à celles d'une structure conventionnelle en treillis[13,14]. Un modèle analytique basé sur une arche circulaire supportée par une fondation élastique a permis de prédire la rigidité axiale de la colonne, bien qu'un modèle analytique permettant de déterminer les efforts de flambement n'existe pas encore.

Alors que certaines des caractéristiques essentielles des structures Tensairity peuvent être approximées de manière satisfaisante avec des modèles analytiques simples, le comportement structurel détaillé nécessite une étude faisant appel à des procédés numériques. Le calcul par la méthode des éléments finis (FEM) s'est avéré être un outil important pour cette tâche[8]. Les prédictions basées sur la FEM ont été comparées aux résultats expérimentaux obtenus dans le cas d'une poutrelle en fuseau soumise à des efforts de flexion[9,11]. Les sollicitations des éléments en compression et en tension, ainsi que le déplacement de l'élément en compression, ont été déterminés avec exactitude, bien que la valeur prédite de déflection sur la partie soumise à la traction se soit avérée significativement inférieure à la valeur mesurée. Cette différence a été attribuée à une simplification excessive lors de la modélisation du tissu composant l'enveloppe. Pour simplifier la procédure, ce dernier avait été modélisé comme une structure linéaire et isotrope, alors qu'en réalité les tissus ont un comportement non-linéaire et orthotrope. Afin de mesurer le module de Young, le coefficient de Poisson et le module de cisaillement, des tests de traction biaxiaux sous différentes charges doivent être effectués. Ce type de tests est actuellement en cours sur des tissus de polyester recouvert de PVC, grâce à une machine spécialement conçue et récemment installée (7.6) au « Center for Synergetic Structures » de l'Empa (Laboratoire fédéral d'essai des matériaux et de recherche). Afin d'améliorer l'estimation des propriétés du tissu pour la modélisation FEM, un modèle de tissu non-linéaire et orthotrope simple et efficacement utilisable dans les modélisations numériques a été développé[15]. Le principal but de cette série de recherches est d'examiner le rôle du tissu dans les structures Tensairity.

Banc d'essai à l'Empa
pour l'étude de la poutre
Tensairity en fuseau sou-
mise à des contraintes
en flexion.

Banc d'essai à l'Empa
pour l'étude de la rigidité
axiale des colonnes
Tensairity.

Le développement de cette nouvelle technologie est une tâche importante du « Center for Synergetic Structures ». Pour illustrer le potentiel du Tensairity pour des applications temporaires, un pont de démonstration de 8 m de portée a récemment été construit et présenté dans un programme télévisé[9,16]. Les deux poutrelles du pont sont si compactes (7.9) qu'elles peuvent facilement être rangées dans le coffre d'une voiture. Chaque poutrelle pèse moins de 70 kg et a été assemblée en moins de 30 min, puis transportée et positionnée par deux personnes. Enfin, la voiture a pu passer sur le pont (7.10), démontrant ainsi de manière élégante quatre des propriétés les plus importantes du Tensairity : compacité, assemblage simple et rapide, légèreté et capacité de portance élevée. Un autre développement consiste en une poutrelle de Tensairity transparente (7.11). Comme la capacité de résistance à la tension des tissus transparents est, actuellement, limitée, un filet de câbles est utilisé pour réduire les contraintes de tension engendrées par la pression de l'air. Les câbles du filet sont si fins qu'ils n'ont pas d'impact sur la transparence de la structure. La rigidité relative du câble par rapport au tissu transparent présente un joli effet de surface de type « papier bulle ». Il est intéressant de noter que la stabilisation grâce à un filet de configuration équilibrée se retrouve également dans la nature et confère ainsi à la structure une apparence organique. Un prototype de lampe gonflable mettant en valeur cet effet de surface particulier a également été construit (7.12). Dans un autre projet, en collaboration avec la Vrije Universiteit de Bruxelles, des structures Tensairity dépliables sont étudiées[17]. Le but est de développer des systèmes qui peuvent être installés sans assemblage et seulement par gonflage, comme c'est le cas des constructions pneumatiques conventionnelles. Le potentiel de Tensairity pour des structures d'ailes gonflables est également en cours d'étude[18].

7.9

Une poutrelle démontée du pont de démonstration de 8 m de portée.

7.11

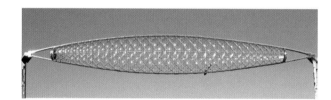

Poutrelle Tensairity transparente renforcée par un filet de câbles.

7.10

Démonstration de la capacité de portance du pont routier Tensairity dans un programme télévisé.

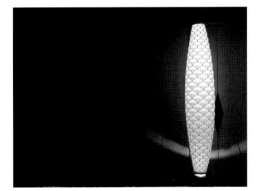
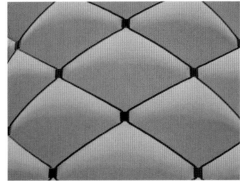

Lampe gonflable.

STRUCTURES RÉALISÉES

Ces dernières années, diverses applications de Tensairity ont été réalisées, principalement dans le domaine du génie civil. L'entreprise suisse Airlight Ltd. est motrice dans la mise en œuvre de ces applications. La réalisation la plus impressionnante à ce jour est probablement celle de la couverture du parking de la gare de Montreux, en Suisse, conçue par Luscher Architectes en 2004[19]. Ce toit membrane est supporté par douze poutres en fuseau d'une portée pouvant aller jusqu'à 28 m (7.13). De l'acier a été utilisé pour les membrures supérieures et inférieures de la poutrelle Tensairity. Le même tissu de fibre de verre enduit de silicone a été employé pour couvrir la membrane du toit et les poutrelles. La pression de l'air dans les poutrelles est d'environ 100 mbar. Les architectes ont fait un vaste usage des possibilités étonnantes d'éclairage (7.14–7.17). Des spots de couleurs variables sont fixés aux extrémités des poutres. La lumière éclaire l'intérieur de la structure pneumatique à travers des plaques translucides, illuminant les chambres à air d'une manière étonnamment homogène. La couleur de chacune des poutres est contrôlée par un logiciel et varie de manière dynamique.

7.13

Couverture Tensairity d'une portée allant jusqu'à 28 m pour le parking de la gare de Montreux, Suisse. Luscher Architectes SA et Airlight Ltd., 2004.

Illumination nocturne
de la structure de
couverture.

Pont Tensairity d'une portée de 52 m à Lans-le-Villard, France. Charpente Concept SA, Barbeyer Architect et Airlight Ltd., 2005.

Un pont d'une longueur de 52 m, supporté par deux poutrelles Tensairity en fuseaux asymétriques, a été construit en 2005 dans une station de ski des Alpes françaises (7.18) et demeure à ce jour la plus grande structure de ce type. En hiver, une piste de ski passe sur le pont et le tablier est couvert d'une épaisse couche de neige, générant des sollicitations élevées. Hors de la saison d'hiver, le pont est utilisé comme passerelle piétonnière. L'élément en compression de la structure est en bois, tandis que l'élément en tension est en acier. Ce pont est une démonstration impressionnante du potentiel de Tensairity pour des structures de grande portée soumises à des contraintes importantes.

Auvent Tensairity à Pieterlen, Suisse, Airlight Ltd., 2005.

Vue de l'intérieur de l'auvent.

Les exemples cités utilisent des poutres Tensairity, cependant le concept s'applique également aux structures coques. Un exemple de cette approche est l'auvent de Pieterlen en Suisse (7.19). Deux grilles de profilés en acier forment les couches inférieures et supérieures du dispositif. Elles sont reliées par des éléments en tension, afin de préserver une épaisseur constante une fois la structure gonflée. Une couche de tissu inférieure et une couche supérieure assurent l'herméticité. La pression d'air engendre une précontrainte dans le tissu et stabilise les deux grilles métalliques. La structure étant uniquement remplie d'air,

Pilier publicitaire Tensairity d'une hauteur de 20 m, Airlight Ltd., 2004.

Stand d'exposition avec des éléments Tensairity, Breitling SA et Airlight Ltd., 2004.

un éclairage permet de mettre en valeur l'effet visuel de l'auvent à la nuit tombée. Il est possible de jeter un regard au travers de la construction par une fenêtre située dans les escaliers du bâtiment. L'illustration 7.20 montre les liaisons en tension entre les couches supérieure et inférieure ainsi que le renflement du tissu entre les grilles d'acier.

La réalisation d'un pilier publicitaire est un exemple d'application temporaire de Tensairity (7.21). Le prototype mesure 20 m de hauteur et est conçu sans aucun contreventement pour des vitesses de vents atteignant 100 km/h. Ces colonnes peuvent être utilisées pour le marketing mobile, par exemple dans le cadre de salons professionnels, de festivals en plein air ou d'évènements sportifs. Une autre application temporaire a été mise en œuvre sur le stand d'exposition d'un fabricant de montres suisses. Quatre poutres cylindriques Tensairity servaient de support à une plateforme suspendue sur laquelle était exposée une voiture de sport (7.22).

CONCLUSION

Les systèmes pneumatiques sont une catégorie intéressante des structures textiles. Le concept hybride de Tensairity permet de s'affranchir des faiblesses des structures pneumatiques et ouvre ainsi un vaste champ de possibilités pour les textiles techniques en architecture et en ingénierie. L'activité continue de recherche et de développement mène à une meilleure compréhension du comportement structurel, tout en révélant de nouvelles possibilités d'application. Un certain nombre de projets pilotes, principalement architecturaux, démontrent la viabilité technologique en termes de coûts, de sécurité et d'intégrité structurelle. Le « savoir pourquoi » et le « savoir-faire » augmentent au fur et à mesure des projets réalisés, notamment si l'on prend en considération les détails de construction, qui relèvent d'une grande importance pour ce type de structures. Les avantages inhérents à Tensairity, à savoir la simplicité conceptuelle, l'interaction synergétique menant à un comportement structurel amélioré, deviennent de plus en plus décisifs dans un monde caractérisé par une croissance rapide et un mouvement perpétuel. Il sera intéressant de suivre l'évolution de cette technologie susceptible de donner naissance à de nombreuses autres applications innovatrices à l'avenir.

1   Topham, S. : *Blow up: inflatable art, architecture and design*, Munich: Prestel Verlag, 2002.

2   Otto, F. ; Trostel, R. : *Zugbeanspruchte Konstruktionen*, Francfort: Ullstein Fachverlag, 1962.

3   Herzog, T. ; Minke, G. ; Eggers, H. : *Pneumatische Konstruktionen*, Stuttgart: Gerd Hatje, 1976.

4   Schock, H.-J. : *Soft Shells. Design and Technology of Tensile Architecture*, Bâle, Berlin, Boston: Birkhäuser Verlag, 1997, p. 102-105.

5   Vertigo Inc., http://www.vertigo-inc.com/, 2009.

6   La technologie Tensairity a été développée par l'entreprise Airlight Ltd., en collaboration étroite avec la firme Prospective Concepts AG. Récemment, les activités Tensairity de Prospective Concepts AG ont été transférées au Center for Synergetic Structure, un partenariat public/privé entre l'Empa et Festo. L'objectif principal du centre est de renforcer les activités de R & D des structures synergétiques en général, et des structures Tensairity en particulier.

7   Luchsinger, R.H. ; Pedretti, A. ; Steingruber, P. ; Pedretti, M. : « The new structural concept Tensairity: Basic principles », dans: Zingoni, A. (éd.) : *Progress in Structural Engineering, Mechanics and Computations*, Londres: A.A. Balkema Publishers, 2004, p. 323-328.

8   Pedretti, A. ; Steingruber, P. ; Pedretti, M. ; Luchsinger, R.H. : « The new structural concept Tensairity: FE-modeling and applications », dans: A. Zingoni, A. (éd.): *Progress in Structural Engineering, Mechanics and Computations*, Londres: A.A. Balkema Publishers, 2004, p. 329-333.

9   Luchsinger R.H. ; Sydow A. ; Crettol, R. : « Structural behavior of asymmetric spindle-shaped Tensairity girders under bending loads », *Thin-Walled Structures* 2011 ; 49 (9), p. 1045-1194.

10   Luchsinger, R.H. ; Pedretti, A. ; Steingruber, P. ; Pedretti, M. : « Light weight structures with Tensairity », dans : Motro, R. (éd) : *Shell and Spatial Structures from Models to Realizations*, Montpellier: Éditions de l'Espérou, 2004, p. 80-81.

11   Luchsinger, R.H. ; Crettol, R. : « Experimental and numerical study of spindle shaped Tensairity girders », *International Journal of Space Structures* 2006; 21(3), p. 119-130.

12   Teutsch, U. : *Tragverhalten von Tensairity-Trägern*, Zurich : vdf. Hochschulverlag, 2011.

13   Plagianakos, T.S. ; Teutsch, U. ; Crettol, R. ; Luchsinger, R.H. : « Static response of a spindle-shaped Tensairity column to axial compression », *Engineering Structures* 2009 ; 31, p. 1822-1831.

14   Wever, T.E. ; Plagianakos, T.S. ; Luchsinger, R.H. ; Marti, P. : « Effect of fabric webs on the static response of spindle-shaped Tensairity columns », *Journal of Structural Engineering* 2010 ; 136(4), p. 410-418.

15   Galliot, C. ; Luchsinger, R.H. : « A simple model describing the non-linear biaxial tensile behavior of PVC-coated polyester fabrics for use in finite element analysis », *Composite Structures* 2009 ; 90(4), p. 438-447.

16   Luchsinger, R.H. ; Crettol, R. ; Plagianakos, T.S. : « Temporary structures with Tensairity », dans: *International Symposium IASS-SLTE 2008, 3rd Latin American Symposium on Tensile-Structures*, Acapulco, 2008.

17   De Laet, L. ; Luchsinger, R.H. ; Crettol, R. ; Mollaert, M. ; De Temmermann, N. : « Deployable Tensairity structures », *Journal of the International Association for Shell and Spatial Structures* 2009 ; 50(2), p. 121-128.

18   Breuer, J.M.C. ; Luchsinger, R.H. : « Inflatable kites using the concept of Tensairity », *Aerospace Science and Technology* 2010; 14(8), p. 557-563.

19   Pedretti, M. ; Luscher, R. : « Tensairity-Patent – Eine pneumatische Tenso-Struktur », *Stahlbau* 2007 ; 76(5), p. 314-319.

ARCHITECTURE TEXTILE

USINE DE TRAITEMENT DES EAUX DE SEINE-AVAL

Lieu :
Achères, France
Programme :
couverture pour des
cuves de filtration
d'eau
Maître d'ouvrage :
SIAAP
Architectes : Adrien
Fainsilber et AAE,
Fribourg, Suisse
(Jean-Michel Capeille)
Conception de la
membrane et des
structures en acier :
Arcora,
Arcueil, France

Entreprise, confection
et installation :
Esmery Caron Struc-
tures, Dreux, France ;
Chef de projet :
Philippe Bariteau
Type de membrane :
fibres polyester tissées
avec revêtement de
vinyle et traitement au
polyfluorure de
vinylidène (PVDF) sur
chaque face
Surface de membrane :
17300 m²
Livraison :
2006

Après l'utilisation, couronnée de succès, de textiles techniques pour couvrir la station de traitement des eaux de Valenton, en amont, une approche similaire a été adoptée pour l'usine de traitement au nitrate en aval, à Achères.

Le site d'Achères est la plus grande station de traitement desservant la région parisienne et une des plus grandes d'Europe. Environ 1.700.000 m³ d'eaux usées sont traités quotidiennement. Dans ce cas, les structures en membranes tendues (1) couvrent les 84 cuves de filtration Biostyr.

Les cuves contiennent des eaux usées en phase finale de traitement avant d'être rejetées dans la Seine. Le processus Biostyr, qui consiste à supprimer les composés de nitrogène et à rejeter ce dernier dans l'atmosphère sous forme de gaz, nécessite que la surface des cuves reçoive une bonne ventilation naturelle. De plus, la surface des cuves doit être protégée du soleil pour éviter un développement d'algues inopportun, et enfin, les techniciens doivent pouvoir inspecter les cuves rapidement à leur passage. Tout en satisfaisant à ces exigences techniques, l'architecte recherchait pour les couvertures un profil sobre et moderne, qui s'harmonise avec l'environnement du lieu.

La solution en textile technique choisie répond à toutes ces exigences et, de plus, a été facile à installer. La fixation et la mise en tension des panneaux de membrane ont été effectuées par quatre installateurs qui ont travaillé depuis les passerelles en béton de l'usine ou depuis des tours d'échafaudage légères et mobiles. Chacune des 84 cuves de filtration, mesurant 16 x 11 m, est munie d'une couverture de membrane indépendante. Les panneaux de la membrane sont fixés par laçage sur la superstructure en acier inoxydable (2).

Deux textiles différents ont été choisis pour les couvertures des cuves. La plus grande surface textile est celle de la couverture des cuves. Celle-ci est formée par une toile de polyester tissé tendue, avec un revêtement de vinyle, puis une couche de vernis PVDF sur chaque face. La membrane est gris argent sur une face et bleue sur l'autre. La couleur grise a été choisie pour l'extérieur, afin de refléter un maximum de radiations et de favoriser ainsi le processus de traitement. De plus, la membrane textile a une excellente résistance à l'exposition aux UV. Le second textile a été utilisé pour les côtés verticaux et les allèges. Bien qu'il soit issu de matériaux et de processus de fabrication similaires aux membranes de couverture, ce matériau est plus léger et présente une maille ouverte, permettant ainsi la circulation de l'air et une transparence adéquate pour une inspection visuelle rapide de la zone de traitement. Les deux textiles sont d'une classe de résistance au feu conforme aux normes en vigueur.

Le site de purification des eaux d'Achères, construit avec des objectifs de développement durable, est dédié au nettoyage et au recyclage, et pas seulement des eaux usées. Les pompes qui rejettent l'eau purifiée dans la Seine sont activées par de l'électricité « verte », générée par des turbines actionnées par l'eau de rivière. De plus les matières premières nécessaires au processus de traitement sont amenées sur le site par une barge de rivière, afin de réduire la pollution automobile. Les couvertures de textile technique choisies offrent non seulement l'atmosphère nécessaire pour le processus de traitement, tout en collaborant à l'intégration harmonieuse du site dans son environnement, mais elles sont également constituées de matériaux entièrement recyclables. **rp**

1 – Couvertures des cuves de traitement Biostyr.

2 – Fixation par laçage de la membrane sur la superstructure.

3 – Côtés translucides et panneaux d'allège.

THÉÂTRE EN PLEIN AIR DE COLMAR

Lieu : Colmar, France
Programme :
théâtre de plein air
Maîtrise d'œuvre :
Direction architecture
Ville de Colmar
Architecte et chef de
projet : Christian
Bignossi
Ingénieurs membrane :
Arcora, Arcueil, France
Entreprise conception,
fabrication et installa-
tion : Esmery Caron

Structures, Dreux,
France (Philippe
Bariteau) ; Everest
Type de membrane :
fibre polyester
avec revêtement
polymère
Surface de membrane :
1800 m²
Livraison :
2009

Inauguré lors de la 62ᵉ Foire aux vins d'Alsace en août 2009, le théâtre en plein air de Colmar affiche son toit textile spectaculaire (1).

Les gradins est et ouest sont chacun protégés par une membrane textile d'une surface de 900 m² et pesant 2,2 t, qui abrite les spectateurs du théâtre des éléments. La toile offre non seulement une lumière naturelle diffuse et un confort intérieur optimal le jour, mais sa translucidité permet également d'élargir la palette d'effets lumineux possibles, la nuit.

Le textile choisi est une toile de fibre polyester tissée, avec un revêtement en polymère PVDF sur chaque face. Le revêtement est appliqué sur le textile suivant un processus breveté qui précontraint à la fois les fibres de la chaîne et celles de la trame, afin que le tissu soit maintenu plus plat, pour permettre l'application d'une couche de revêtement plus épaisse et plus uniforme. La toile ainsi obtenue a une plus grande durabilité, notamment grâce à la résistance aux altérations atmosphériques, à la salissure et à la pollution. Ce textile a une durée de vie minimale de quinze ans.

L'analyse de la membrane a confirmé des contraintes plus élevées autour des points d'ancrage centraux. Ces derniers ont été renforcés avec une double couche de membrane (2). Chaque membrane du toit a été conçue pour franchir les portées entre les deux points hauts et les nombreuses platines d'ancrage d'angle, les bords de la membrane étant rigidifiés par des câbles de rive suivant l'usage.

Les deux points hauts centraux des deux membranes du toit sont accrochés à deux câbles parallèles suivant le même axe (4). Les câbles parallèles sont tendus entre les têtes des mâts de deux tripodes en structure tubulaire, eux-mêmes contreventés par des haubans en acier, ancrés au sol. Les platines d'ancrage d'angle sont fixées à des mâts plus courts, également fixés au sol. L'installation de la structure du toit a été effectuée en trois semaines par une équipe de six à sept personnes.

L'esthétique et la multiplicité des formes, la légèreté et la transparence, la solidité, la rapidité de mise en oeuvre, la durabilité et la protection de l'environnement sont des points forts de cette solution, basée sur l'utilisation d'un textile technique.

« C'est le premier projet en France d'architecture textile de cette importance, monté sur des câbles de type funiculaire. La prouesse technique de cette solution réside dans le fait qu'il n'y a pas de mât central. Tout le projet est orienté vers de grandes portées définissant un espace ouvert, permettant ainsi un confort visuel, tout en conférant une apparence élancée à l'ensemble (3) », conclut Philippe Bariteau, d'Esmery Caron. Au printemps, en été et en automne, le théâtre de plein air peut maintenant accueillir confortablement les spectateurs et les visiteurs. **rp**

1 – Un « costume » très original.

2 – Renforcement de l'ancrage central par une double couche de membrane.

3 – L'absence de mâts procure un confort visuel au spectateur.

4 – Les câbles parallèles suivent un axe principal.

TERRASSE DE PUERTO MADERO

Lieu : Quais de Puerto Madero, Buenos Aires, Argentine
Programme : toit au-dessus de la terrasse d'un bar et d'un restaurant
Type de structure : auvent en membrane simple
Maître d'ouvrage : client privé
Architectes : WAGG Soluciones Tensadas, Buenos Aires
Ingénieurs membrane : WAGG Soluciones Tensadas
Type de membrane : toile polyester avec revêtement en vinyle formulé avec une finition en PVDF
Surface de membrane : 580 m²
Livraison : 2009

Le projet est situé dans le quartier historique des docks de Puerto Madero à Buenos Aires, où la frégate *Sarmiento* est amarrée. Deux marquises en textile technique protègent les visiteurs qui s'arrêtent pour se rafraîchir sur la terrasse, face au lieu d'amarrage.

L'ambiance maritime invite à l'utilisation de mâts et d'accastillage pour le support de cette structure en membrane. Ceux-ci s'assortissent parfaitement à ceux de la frégate historique et sont également repris dans la forme du « pont de la Femme » voisin, conçu par Santiago Calatrava (1).

Le projet consistait à créer des zones extérieures de rafraîchissement, intégrant deux marquises, l'une pour la restauration et l'autre pour un café-glacier. Les marquises sont constituées de membranes textiles tendues sur une structure métallique de support.

Le programme de conception demandait la prise en considération de l'esthétique des alentours, d'où le choix d'un « vocabulaire nautique » de mâts et de voiles si clairement évoqué par une solution en structure tendue. Il était également important de ne pas obstruer la vue et de laisser un espace maximal pour la circulation des piétons et les équipements (4).

Ces contraintes sont résolues par l'utilisation d'un toit en textile tendu, suspendu à une structure de support principale en acier. Celle-ci comprend deux mâts principaux reliés par un câble collecteur et qui portent deux traverses centrales. Six câbles tendus additionnels, fixés sur chacun des mâts, offrent des points de support pour les extrémités de la marquise et un renforcement s'appuyant sur les traverses (2).

La membrane en textile est constituée d'une couche de fibre polyester avec un revêtement de vinyle et un vernis de finition PVDF, couvrant une zone rectangulaire de 10 x 30 m. Elle est ancrée sur des points de fixation aux extrémités des câbles et des traverses, qui sont reliés à des arcs de support, dont deux sont suspendus aux mâts et deux au câble collecteur. Les arcs de support donnent à la membrane sa forme en double courbe et agissent comme de fines membrures suspendues. Tous les points de fixation périphériques sont ancrés au sol par des câbles de renforcement pour résister aux forces de soulèvement susceptibles d'agir sur la membrane. Un kiosque en dur est situé au centre de la marquise, entre les deux traverses. WAGG Soluciones Tensadas a été responsable de l'intégralité des processus de développement et de réalisation de la membrane, depuis les premiers schémas conceptuels, les calculs de structure et de membrane, le plan de découpe de la toile et le détail des ancrages, jusqu'à l'installation.

Le processus d'installation a été une séquence interactive entre la membrane et la structure. Les mâts ont été passés au travers de la membrane, avant d'atteindre leur position géométrique finale, ce qui a eu pour effet de tendre le câble collecteur préalablement installé, qui commençait à soulever la membrane. Les mâts périphériques ont ensuite été installés et la membrane a été attachée aux points de fixation. Une fois tous les mâts périphériques et les câbles de renforcement en position, un anneau de vissage mécanique a permis d'amener les arcs métalliques fixés aux mâts dans leur position finale, donnant ainsi à la membrane sa tension définitive (3). **rp**

1 – Intégration de la terrasse dans le contexte architectural.

2 – Structure de la marquise.

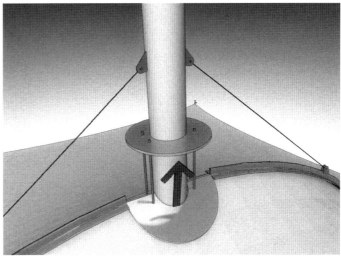

3 – Mise en tension finale de la membrane.

4 – Espace sans obstruction.

OCTAHEDRON

Lieu : Riyad, Arabie
Saoudite
Programme : objet
publicitaire mobile
Type de structure :
marquise en membrane
simple
Maître d'ouvrage :
client privé
Architectes :
Ali Smaili, Université du
Roi-Saoud, Riyad

Ingénieurs membrane :
Smaili Contracting
Type de membrane :
toile de fibre polyester,
revêtement en vinyle
formulé et verni de
finition en PVDF
Surface de membrane :
109 m^2
Livraison :
2010

Les structures en membrane ont en Arabie Saoudite une longue histoire, provenant des tentes des Bédouins, traditionnellement faites d'une toile de poils de chèvre tissés. De telles structures de tentes restent culturellement symboliques, et de nombreuses maisons possèdent encore une tente traditionnelle dans leur cour intérieure ; celle-ci offre une retraite confortable lors de la saison chaude.

Les développements récents se sont radicalement éloignés de la tente arabe traditionnelle, de riches propriétaires acquérant des « tentes » équipées de la climatisation et d'écrans LCD géants. De plus, les exigences actuelles en termes de développement durable guident l'évolution et le choix des tissus. Dans ce contexte, il faut rappeler que la tente originale en poils de chèvre était réputée pour sa capacité à s'adapter au climat local.

Cette structure en membrane innovante a été étudiée et réalisée par une entreprise saoudienne. Conçue pour un client voulant une structure d'exposition frappante, Octahedron réussit à offrir une apparence élégante, tout en promouvant une forme structurelle à la fois moderne et culturellement appropriée. La structure de l'Octahedron (2) a été conçue pour répondre aux sollicitations environnementales (charges de vent, intensité des UV, températures importantes).

La forme est composée de deux cônes opposés qui sont interconnectés. La précontrainte du câble a été modifiée suivant la forme désirée et le processus de recherche formelle a nécessité de nombreuses itérations avant la sélection de la forme structurelle optimale.

Structurellement, la toile est portée par une colonne d'acier centrale et fixée en six points : aux deux extrémités du mât central et aux quatre extrémités en porte-à-faux, partagées par les deux cônes.

Un unique pied soutient la structure. En termes de stabilité, celle-ci est complètement indépendante de supports externes. De plus, elle peut être transportée avec la membrane sous précontrainte. L'intégration entre la tension et la compression, représentées respectivement par la membrane et le mât, est un bon exemple de système de type tenségrité.

Une fois la forme définitive choisie, une analyse a été effectuée avec des charges appliquées afin de définir les sections d'acier, le type de toile et le détail des points de fixation (3 et 4). Les facteurs dimensionnels principaux pour la toile et l'acier sont les forces de précontrainte et les charges de vent. Le code ASCE a été utilisé pour définir la valeur du C_p (coefficient aérodynamique). Une charge de vent d'environ 100 daN/m^2 a été adoptée.

Le facteur de surface et donc la quantité d'ombre projetée peut être contrôlé en installant un mécanisme pliant. La modification des éléments du pilier en acier (1) permet une structure dynamique qui peut s'ouvrir et se fermer en fonction des besoins.

On peut envisager conceptuellement que la structure de l'Octahedron soit une unité type qui puisse être assemblée avec d'autres unités pour former un ensemble (5). **rp**

1 – La structure métallique axiale.

2 – La marquise construite.

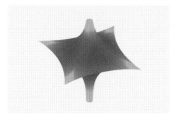

3 – Distribution des contraintes avec et sans action du vent.

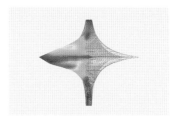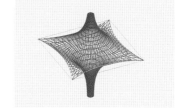

4 – Déformations de la membrane après application de l'action du vent.

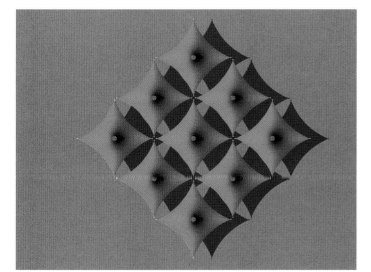

5 – Deux perspectives d'un ensemble bidirectionnel.

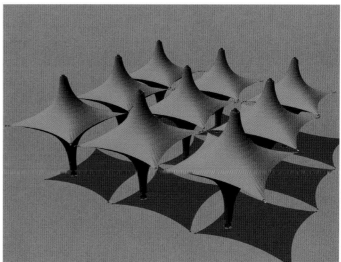

BALLON DE RUGBY GÉANT

Lieu : Paris, France ;
Londres, Grande-Bretagne ; Tokyo, Japon ;
Sydney, Australie
Programme :
structure gonflable
à membrane simple
Maître d'ouvrage :
office du tourisme de
Nouvelle-Zélande
Architectes : Fabric
Structure Systems Ltd.,
Auckland

Ingénieurs membrane :
Lindstrand Technologies, Oswestry
Type de membrane :
toile polyester avec
revêtement en vinyle
formulé avec une
finition en PVDF sur
chaque face
Surface de membrane :
832 m²
Livraison :
2007

Le ballon de rugby géant est une structure gonflable à membrane simple, créée comme un lieu d'accueil pour la promotion de la coupe du monde de rugby 2011 en Nouvelle-Zélande. La structure a été dimensionnée pour être transportée de pays en pays et a donc dû satisfaire à toutes les réglementations nationales relatives à la construction, la santé et la sécurité.

La peau extérieure du ballon est fixée sur un grand cadre ovale, maintenu au sol par une lourde « saucisse » remplie d'eau (3). L'intérieur du ballon peut recevoir 220 personnes et il est équipé d'une scène, d'un bar, de toilettes, d'un espace de stockage, d'une salle de contrôle et de zones pour s'asseoir. Le ballon de rugby géant est un espace pliable rodé, ayant fait des apparitions couronnées de succès à Paris, Londres, Tokyo et Sydney (1).

La surface interne du ballon est utilisée comme écran de projection « à 360° », pour la promotion de la Nouvelle-Zélande en tant que destination. Les images panoramiques et l'acoustique particulière de la structure font vivre une expérience unique au visiteur (6 et 9).

Les visiteurs entrent dans le ballon au travers d'un sas hermétique prévu pour maintenir la pression à l'intérieur. Des équipements de surveillance spéciaux maintiennent une pression et une qualité d'air constantes dans le ballon en contrôlant deux grandes souffleries dissimulées sous le sol, ainsi que le système de climatisation.

Les concepteurs souhaitaient créer l'image d'un ballon reposant sur l'herbe d'un terrain de jeu. La position du plan coupant le ballon a été choisie pour atteindre cet objectif, tout en maximisant l'espace de plancher à l'intérieur du ballon. Après avoir envisagé plusieurs méthodes d'ancrage, il a été décidé de construire une plate-forme surélevée composée d'éléments d'échafaudage standards, avec l'addition de pièces spécialement conçues, incluant notamment une goulotte revêtue de contreplaqué suivant le périmètre du ballon (7). Cette goulotte reçoit le ballast en forme de saucisse rempli d'eau. La plate-forme surélevée permet de monter les souffleries de gonflage sous le plancher, et son périmètre est muni de fixations pour la membrane.

La membrane du ballon est constituée d'une base en toile polyester tissée avec revêtement de vinyle et d'un vernis acrylique sur chaque face. Une baguette constituée d'un profilé en aluminium de type Keder est liée à la membrane sur toute sa périphérie. Le profilé en aluminium Keder est ensuite assujetti par une extrusion en aluminium fixée à l'échafaudage de la plate-forme de support (2). Pour obtenir un joint hermétique, un plancher de contreplaqué est d'abord construit sur la base en échafaudages. Celui-ci est ensuite recouvert d'une membrane en PVC moulée dépassant de 50 cm la face intérieure de la membrane du ballon, et qui sert également de gabarit pour l'implantation des colonnes de la mezzanine et de la porte. Des carrés de moquette

complètent le sol, formant un habillage de protection de la membrane et offrant une surface non glissante. La membrane extérieure du ballon continue sous l'extrusion en aluminium pour former une jupe et cacher les échafaudages.

En plus du poids propre et des charges statiques, le dimensionnement du ballon a nécessité de prendre en compte le vent, la neige et les contraintes liées aux tremblements de terre. Le positionnement du ballon dans « l'ombre » de structures existantes protégées le prémunit de la foudre.

Les charges relatives au vent ont été les plus critiques. La vitesse du vent prise en compte pour le dimensionnement était de 23,15 m/s. Les facteurs de forme adoptés pour le dimensionnement étaient basés sur des données issues de tests en soufflerie. La pression nominale interne pour le dimensionnement du ballon était de 200 Pa dans des conditions normales et de 300 Pa dans des conditions de vents importants. Les forces de déplacement et de soulèvement relatives aux charges de vent sont contrecarrées par le poids de la saucisse de ballast, avec un facteur de sécurité d'au moins 1,5.

Des mâts pour la mesure du vent munis en leur sommet d'anémomètres à trois coupes sont installés sur le site et mesurent les vitesses de vent maximales. Des procédures sont en place pour évacuer les personnes et, quand des rafales à plus de 20 m/s sont prévues, enlever les équipements sonores et audiovisuels, dégonfler le ballon et protéger la membrane en l'attachant à la structure de la mezzanine (4 et 5). Des alarmes incendie et des équipements de lutte contre l'incendie sont prévus ; la surveillance est effectuée en continu par les techniciens du son et de l'image, présents en permanence quand le lieu est ouvert. Les réglementations japonaises exigeaient des sorties de secours supplémentaires, ce qui a été résolu par le développement de câbles électriques chauffants fixés sur la membrane et qui fondraient celle-ci pour former des sorties additionnelles, le cas échéant.

Trois générateurs au diesel fournissent l'électricité, minimisant le risque d'une panne de courant totale. Même en cas d'arrêt des souffleries et avec les portes ouvertes, les occupants bénéficient d'environ dix minutes pour évacuer les lieux avant que la quantité d'air qui s'échappe ne permette plus de garder la structure gonflée.

Le ballon de rugby géant a répondu avec succès à toutes les exigences de conception. Il est facilement transportable et peut être monté sur un site en trois jours. Des séquences vidéo montrant le montage ou le transport du ballon peuvent être visionnées sur Internet. Cette étude de cas ébauche le potentiel de l'utilisation des textiles techniques dans le cadre de la promotion ou de l'événementiel, où les structures deviennent un élément du spectacle, comme dans cet exemple, où le ballon devient un véritable artiste de rue. **rp**

1 – De Paris à Sydney.

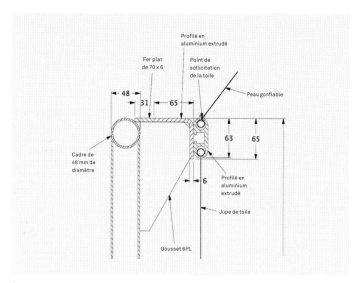

2 – Détail du rail Keder et de la fixation.

3 – Tube de ballast.

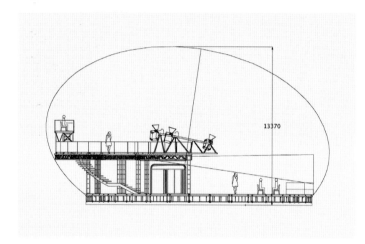

4 – Plan et coupe.

5 – Escalier pour la mezzanine.

6 – Projection panoramique vue de la mezzanine.

7 – Plate-forme de base.

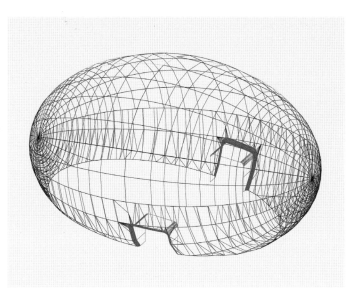

8 – Recherche de forme.

9 – Grâce à l'imagerie panoramique et périphérique ainsi qu'à l'acoustique particulière de la structure, le visiteur vit une expérience unique.

STADE CENTURY LOTUS

Lieu : Foshan, Chine
Programme : toit d'un stade d'athlétisme constitué d'un système de câbles mis en tension par deux anneaux métalliques
Maître d'ouvrage : commune de Foshan
Architectes : GMP, Hambourg, Allemagne
Ingénieur : Schlaich Bergermann und Partner, Stuttgart, Allemagne

Entreprise : Beijing N&L Fabric Technology Co. Ltd., Pékin, Chine
Type de membrane : base en toile polyester avec revêtement de vinyle et traitement de surface au polyfluorure de vinylidène (PVDF)
Surface de membrane : 75477 m²
Livraison : 2007

La ville de Foshan a été choisie comme lieu d'accueil de la 12ᵉ Rencontre sportive de la province de Guangdong, mettant en valeur le paysage urbain de ce centre commercial et industriel du sud de la Chine, situé dans le delta de la rivière des Perles, tout en l'enrichissant d'installations sportives ultramodernes.

Le cœur du tout nouveau parc des Sports est le stade central, dont le reflet dans le lac tout proche ressemble à celui d'une fleur de lotus, entourée d'éléments urbains et pittoresques (4). De loin, le nouveau stade se démarque avec sa silhouette caractéristique et la structure plissée inhabituelle de son toit (5). Composé d'éléments de membrane en V, le toit donne au stade sa forme florale spectaculaire.

Le stade Century Lotus accueille des matchs de football et des épreuves d'athlétisme. Il peut accueillir 36000 spectateurs. Le toit en membrane couvre environ 50000 m². Il s'agit de la plus grande structure tendue câble-membrane de Chine, avec un diamètre extérieur maximal de 310 m et un anneau de tension interne d'un diamètre de 125 m (1). La longueur totale de câble atteint la valeur incroyable de 36 km.

La structure du toit, portée par 40 supports en béton en porte-à-faux, se compose de trois systèmes sous-structurels principaux : la poutre de compression externe, un anneau intérieur de câbles en tension et le parement en membrane tendue (2).

La poutre de compression externe comprend un anneau de compression supérieur, un anneau de compression inférieur et des diagonales en forme de V (contreventements). Ces éléments en acier sont soudés au niveau des articulations, afin de former une poutre capable de résister aux charges verticales et latérales. Des tubes d'acier de 1,4 m de diamètre sont utilisés pour les anneaux supérieur et inférieur, tandis que les éléments diagonaux sont composés de tubes de 1,1 m de diamètre, qui reprennent non seulement la force verticale transférée de l'anneau supérieur à l'anneau inférieur, mais également les charges horizontales du vent et la force de traction de la membrane. Afin de renforcer la résistance de l'anneau inférieur, les tubes d'acier sont soutenus par des supports en béton haute résistance en porte-à-faux.

L'anneau interne, constitué de plusieurs câbles tendus, sert à ancrer et à tendre les câbles radiaux supérieurs (crêtes) et inférieurs (vallées). Chaque câble de crête est relié à l'anneau interne par le biais de deux câbles radiaux en fourche. Les câbles de crête et de vallée sont à différentes hauteurs et sont interconnectés par des câbles de suspente tangentiels (3).

Les câbles de crête et de vallée, qui sont respectivement les parties les plus hautes et les plus basses de la structure du toit, jouent un rôle important pour les reprises de charge. Les charges gravitationnelles, charges permanentes et charges d'exploitation sont reprises par les câbles de crête, tandis que les câbles de vallée résistent aux forces d'arrachement du vent. L'anneau intérieur comprend dix câbles indépendants disposés en deux couches de cinq câbles.

Le toit en textile est constitué de 80 panneaux de membrane fixés entre des câbles de vallée et des câbles radiaux adjacents, formant 40 unités de toit identiques. Une toile de polyester durable avec revêtement en vinyle formulé a été choisie pour la membrane. Celle-ci est produite à l'aide d'une technologie brevetée de précontrainte appelée Précontraint, qui garantit la stabilité dimensionnelle et l'homogénéité, assurant ainsi une plus longue durée de vie. Du fait de la stabilité de la surface, il n'y a pratiquement eu aucune différence entre la précontrainte de la membrane calculée et les valeurs réelles nécessaires pour la construction. La surface de la membrane est traitée avec du PVDF, afin d'améliorer de manière importante sa résistance aux salissures. Ce traitement permet de maintenir l'apparence de la membrane, tout en lui assurant une longue durée de vie. **rp et ws**

1 – Une vue intérieure d'ensemble.

2 – Les éléments clés : anneau interne de câbles tendus, parement en membrane tendue et poutre de compression externe en acier.

4 – Stade Century Lotus : la technologie reflétant le monde naturel.

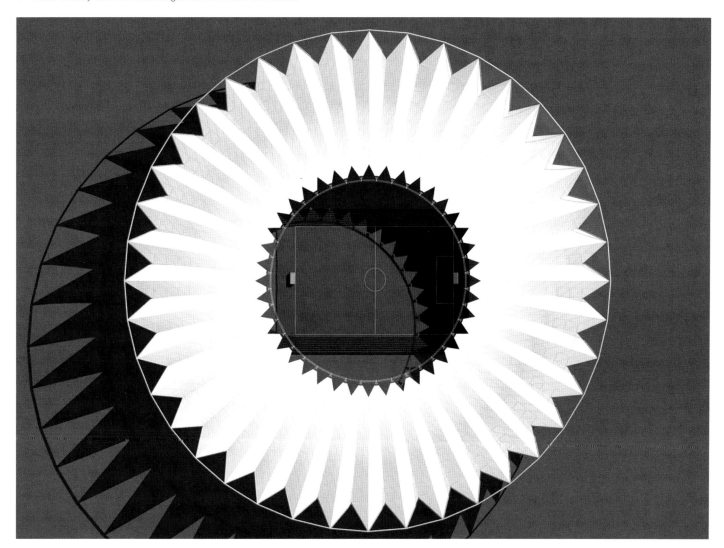

5 – Le toit plissé du stade comprend 40 unités de membrane en V.

STADE OMNILIFE

Lieu : Guadalajara, Mexique
Programme : stade de football
Maître d'ouvrage : Chivas de Guadalajara/ Jorge Vergara
Architectes : Massaud et Pouset, France
Entreprise générale : ICA, Mexique

Conception, fabrication, installation : Lonas Lorenzo
Architecte et chef de projet : Roberto Munoz, Guadalajara, Mexique
Type de membrane : base en polyester avec revêtement de vinyle formulé opaque
Surface de membrane : 47061 m^2
Livraison : 2010

Quand le magnat mexicain Jorge Vergara a repris, en 2002, le club de football le plus célèbre du Mexique, les Chivas de Guadalajara, sa priorité a été la construction d'un nouveau stade d'une capacité de 45000 sièges. La forêt de la Primavera fut élue comme l'emplacement idéal. La forêt et son environnement montagneux ont donné naissance au concept du stade qui devait s'y nicher. Les architectes français Massaud et Pouset ont élaboré une forme évoquant un volcan sous un nuage blanc (7). En parfaite harmonie avec son environnement, la structure se caractérise par les trois éléments suivants : les pentes du « volcan » couvertes d'une végétation verte pour se fondre dans l'environnement (3) ; la zone de gradins intérieure (2) ; un « nuage », qui rappelle un volcan fumant, consistant en une structure métallique revêtue d'une membrane (4).

En raison des grandes portées, les concepteurs ont cherché des solutions structurales légères. Une structure en membrane architecturale a été préférée, d'un point de vue esthétique et technique. Le défi principal a été de réaliser le parement en membrane de la sous-face du « nuage », de 55000 m^2, en d'autres termes de construire un plafond qui différait de la forme habituelle d'une toiture. Des procédés innovants ont été mis en place, notamment l'accès par des cordes, afin de faciliter sa construction.

Une des exigences principales était de concevoir le « nuage », sans colonnes structurales internes (8) et d'une seule pièce, ce qui a conduit à l'idée d'un tube gonflé et continu. Ce concept a été rejeté pour des raisons techniques et financières. La solution finalement retenue pour couvrir le stade consiste en une structure composée de fermes en acier, recouverte de membrane, reposant sur 16 colonnes géantes de béton, qui culmine majestueusement jusqu'à 40 m au-dessus du plus haut gradin.

Après le développement de plusieurs modèles, un concept (5) se composant de 64 fermes constituées de tubes d'acier, en forme d'aile, a été esquissé. Les fermes ont été agencées de manière homogène autour du terrain et reliées par quatre fermes secondaires. Le dimensionnement a également généré des anneaux de compression interne et externe qui apportent stabilité et légèreté.

De nombreux essais en soufflerie ont été effectués afin de développer une toiture qui soit le plus efficace et le plus robuste possible. Leur but était d'identifier les charges de vent permanentes et dynamiques sur le site, afin de concevoir la structure et les fondations du stade : l'évaluation des charges de vent sur la façade et le toit (au-dessus et en sous-face) était nécessaire afin de dimensionner correctement la structure et les membranes du toit. Une maquette à l'échelle 1/300e a été construite sur la base des plans des architectes et soumise à des essais visant à mesurer la charge de vent en tenant compte de la géographie locale. Dans la mesure où il était impossible d'analyser le comportement des charges de vent dans tous les cas, les ingénieurs se sont concentrés sur le scénario dominant, afin de déterminer les contraintes les plus importantes auxquelles la structure porteuse serait soumise (6).

Initialement, il était prévu que la membrane soit constituée d'une toile translucide qui devait être illuminée de l'intérieur. Ce choix a été ensuite remis en question, en raison de l'aspect salissant de la membrane et de la visibilité de la structure interne. Finalement, il a été décidé d'utiliser une toile opaque (1), avec un revêtement spécial en PVDF, permettant à la membrane de paraître toujours propre et homogène. Le choix s'est porté sur un textile composite, qui paraissait être la solution la plus durable possible et permettait d'obtenir une stabilité de surface spécifique répondant à des contraintes considérables. Le textile sélectionné a été produit selon une technique de précontrainte brevetée et a été plébiscité pour la faiblesse de l'expansion et des altérations qu'il subit lorsqu'il est soumis à des contraintes. **rp et ws**

1 – La sous-face de la structure en membrane.

2 – La zone intérieure des gradins.

3 – Les pentes vertes du « volcan ».

4 – Protection pour les spectateurs : le « nuage ».

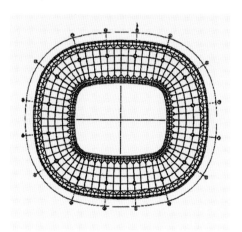

5 – Plan du toit avec ses 64 segments répartis en 16 ensembles liés par quatre fermes.

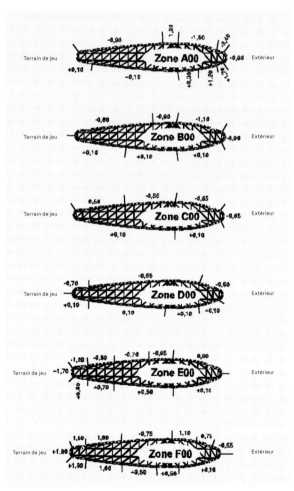

6 – La totalité du toit du stade repose sur 16 immenses colonnes en béton.

141

7 – Niché dans son environnement et en parfaite harmonie avec celui-ci : le stade Omnilife.

8 – L'exigence principale : un toit sans colonnes de support intérieures.

142

ÉGLISE AP&P

Lieu : Maassluis, Pays-Bas
Programme : structure en membrane isolée double peau
Maître d'ouvrage : AP&P, paroisse de Maassluis
Architectes : Royal Haskoning Architecten, Rotterdam, Pays-Bas (Mari Baauw, René Olivier)
Conception de la structure : Royal Haskoning, Rotterdam
Conception, analyse et calculs de la membrane : Tentech, Utrecht, Pays-Bas

Entreprise principale : De Klerk, Werkendam, Pays-Bas
Entreprise membrane : Buitink Technology, Duive, Pays-Bas
Entreprise façade : Rodeca Systems, Alphen a/d Rijn, Pays-Bas
Type de membrane : toile polyester, revêtement en vinyle formulé et verni extérieur en PVDF
Surface de membrane : 1400 m²
Livraison : 2007

En entrant dans le village de Maassluis, près de Rotterdam, le visiteur est rapidement interpellé par la forme frappante de l'église AP&P. Ses lignes futuristes et fluides contrastent admirablement avec les habitations hollandaises conventionnelles qui entourent partiellement le bâtiment. En gardant le vocabulaire traditionnel des arches, l'église a été construite à partir d'une série de coques indépendantes, se superposant pour créer l'intérieur. À l'emplacement où les coques se chevauchent, un bardage en polycarbonate transparent fait entrer la lumière du jour à la manière d'un vitrail (1).

Malgré l'apparence contemporaine de l'extérieur, la coque organique et le détail des fenêtres en « vitraux » font de l'intérieur un lieu contemplatif et paisible (2).

La forme non conventionnelle des coques du toit a conduit à l'étude de différentes techniques de construction. La première solution envisagée a été l'utilisation de tôles d'acier profilées, car elle permettait de limiter le budget. Cependant les finitions grossières aux extrémités et les surfaces intérieures irrégulières obtenues avec cette solution ont poussé les architectes à rechercher des alternatives. L'intention de recouvrir les tôles d'acier profilées par une toile introduit l'idée d'une solution basée sur une structure en membrane. Cette technique de construction légère, idéale pour des couvertures semi-permanentes, répondait parfaitement au concept de bâtiment « immatériel » voulu par l'architecte.

L'église de Maassluis est un exemple de structure en membrane isolée double peau. Les coques de l'église sont supportées par des arches d'acier tubulaires. La structure en acier est recouverte de couches de membrane translucide. Par rapport à des systèmes de construction conventionnels, cette méthode de mise en œuvre doit prendre en compte les contraintes dans la membrane. En plus du poids propre de la structure, les arches d'acier portent également les charges issues de la mise en tension de la membrane. Chaque membrane double peau, incluant l'isolation et les fixations, pesant jusqu'à 3 500 kilogrammes, doit être mise en tension pour assurer une surface sans pli. Pour éviter la déformation de la structure principale en acier en raison de sa mise en tension et pour supporter les charges de neige et de vent, une structure en acier secondaire interconnecte les arches (4).

La structure double peau en arche consiste en une couche de membrane recouvrant l'extérieur de la structure et une autre couche qui en recouvre l'intérieur. Les peaux interne et externe de la membrane sont préalablement fixées et mises en tension grâce à des points de fixation en toile attachés à des ergots en acier soudés sur les tubes. Des câbles de renforcement de rive lient ces points de fixation pour maintenir la tension dans les membranes. Pour former une bordure étanche le long des coques, une bande de toile supplémentaire est enroulée autour de la surface du tube où elle chevauche sur une bonne largeur les membranes principales, internes et externes, auxquelles elle est fixée de manière permanente par soudage (3).

La membrane est une toile polyester avec un revêtement en vinyle formulé. Une fois mise en place, elle reçoit une couche de finition en Téflon. Ce traitement de surface réduit l'attraction des particules en suspension dans l'air et, en conjonction avec le lavage par l'eau de pluie, permet de garder la surface propre. Pour faciliter la construction du toit à double courbe, la surface de 1400 m² est divisée en 248 pièces de toile individuelles. Les pièces sont soudées entre elles pour former la membrane définitive, qui est ensuite munie de câbles de renforcement de rive. Un maintien intelligent de la membrane a rendu possible la mise en tension de celle-ci durant son installation. Des régulations de la tension peuvent être effectuées au cours de l'utilisation. Une couche isolante prend place entre la peau interne et la peau externe. Cette isolation est fixée au-dessus de la couche interne. L'espace de 400 à 2000 mm entre les deux peaux est ventilé par des ouvertures le long de la bordure de la membrane. En plus de l'effet isolant de la structure double peau, celle-ci répond bien aux sollicitations extrêmes de neige et de vent. Les déformations de la peau extérieure sous ces charges sont absorbées par l'espace entre les deux peaux. La coque légère est donc capable de garder ses propriétés isolantes et de supporter les charges sans qu'aucune déformation ne soit visible à l'intérieur de l'église.

Le concept qui a donné sa forme à l'église est celui d'un espace maximal pour un minimum de matériaux. Une membrane double peau isolée est une solution contemporaine pour la création de la coque extérieure de l'église (5). La lumière du jour pénètre par les fenêtres modernes en polycarbonate, qui s'inspirent de la tradition ancienne des vitraux et, combinées avec le plafond à double courbure, produisent une lumière naturelle efficace. La cohésion de l'espace et de l'éclairage, de la forme et de la structure, crée un intérieur qui exprime parfaitement sa fonction. **rp, ap et iv**

1 – La forme futuriste de l'église.

2 – L'intérieur de la coque.

3 – Détail de la bordure étanche.

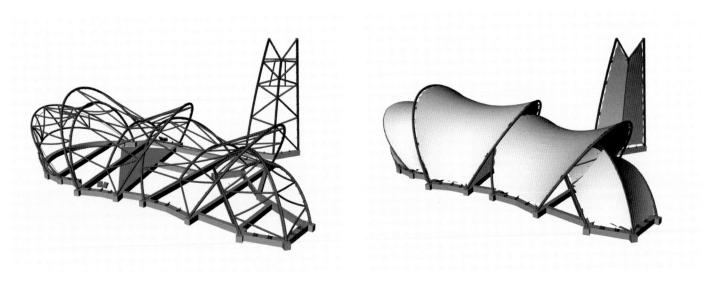

4 – Structure de la coque en acier tubulaire et
membrane de couverture principale.

5 – Faire le maximum avec le minimum.

LE LIDO – CENTRE DES ARTS DU CIRQUE

Lieu : Toulouse, France
Programme : structure textile à câbles
Maître d'ouvrage : ville de Toulouse
Architecte : mairie de Toulouse, Service architecture, DMO ; Pierre-Jean Riera, architecte municipal
Conception et ingénierie de la membrane : Prat Structures avancées, Toulouse
Entreprise générale : Constructions Saint-Éloi, Toulouse
Entreprise fabrication et installation : VSO France
Type de Membrane : base en toile polyester avec revêtement en vinyle formulé avec une finition en PVDF soudable
Surface de membrane : 2000 m²
Livraison : 2008

Le Lido est une école de cirque municipale pour les artistes professionnels et amateurs, qui offre des formations dans différentes disciplines tout en aidant au développement de nouveaux spectacles de cirque. Le succès de ses nombreux formateurs renommés et de ses anciens élèves a permis à ce Centre des arts du cirque de se forger une réputation internationale exceptionnelle et l'amène à former aujourd'hui plus de 500 élèves par an. La conception du Lido rappelle une tente de cirque ou chapiteau, reflétant tout à fait la culture du cirque. Cette enceinte monumentale en textile technique couvre une superficie de 1500 m² (1) et peut accueillir 250 spectateurs tout en offrant aux étudiants une vaste zone de formation.

La construction de la membrane du Lido est remarquable car elle s'éloigne de la construction traditionnelle des tentes de cirque, munies d'un ou de plusieurs mâts centraux. Au lieu de cela, huit mâts au total sont disposés en cercle autour du périmètre de la zone fermée. Chacun des mâts est fixé à un grand anneau central par un réseau de câbles d'acier primaires et secondaires. Un réseau externe supplémentaire de câbles fournit la tension nécessaire pour supporter l'anneau et le textile tendu de la couverture tout en assurant la stabilité globale (2). Cette solution génère des contraintes importantes au sein de la structure, mais permet d'obtenir une grande portée ininterrompue sous la membrane. Celle-ci est constituée d'un textile polyester haute performance avec revêtement vinyle, fabriqué selon un procédé breveté qui applique une précontrainte à la toile polyester pendant l'application du revêtement vinyle. Cette technique permet d'obtenir un textile ayant une épaisseur de revêtement très uniforme qui, lui-même, procure la stabilité dimensionnelle haute résistance et la durabilité.

En plus de son rôle structural primaire, l'anneau central définit également les murs et le plafond d'un théâtre intérieur intime au sein duquel les étudiants et les professionnels peuvent faire la démonstration de leur art en public. L'utilisation de murs et de plafonds d'une grande efficacité acoustique permet de réduire de 35 dB le son entre la scène et la membrane externe, ce qui permet de préserver le confort des résidents des bâtiments voisins, situés à seulement 100 m.

Comme évoqué précédemment, la grande portée est obtenue grâce à des tensions importantes dans les câbles de support. Pour un transfert efficace des importantes charges résultant dans les huit points d'ancrage de fondation, un système de fixation nouvellement breveté a été utilisé (6). Celui-ci permet d'obtenir un alignement parfait des câbles de tension, grâce à la capacité à pivoter de ses éléments de fixation (5). Il permet également toutes les déformations supplémentaires engendrées par les contraintes climatiques extrêmes.

Huit grands panneaux en textile forment la membrane externe du Lido. Ceux-ci ont été d'abord assemblés au sol, puis levés d'une seule pièce, permettant un montage en une demi-journée, tout en évitant d'appliquer des charges non symétriques sur les câbles en acier et la structure de support.

Chacun des panneaux de membrane est bordé d'un câble de raidissement (5). Des fixations spéciales MagicClamp, espacées de 50 cm, lient la membrane au câble caténaire qui lui est adjacent. Ces fixations permettent des réglages fins de la tension de la membrane et garantissent donc une surface externe lisse et exempte de plis.

Des solins en aluminium couvrant les câbles caténaires radiaux empêchent la pénétration de la pluie dans les joints de la membrane (6), à l'instar des chapeaux et cônes en aluminium (3) fixés sur les structures de raidissement et couvrant les têtes de mâts (4). Cette solution technique met en valeur le concept architectural global.

Grâce à l'attention portée au détail, à la simplification des extrémités des câbles et en évitant que les platines d'angle ne soient fabriquées sur mesure, le concepteur a non seulement généré des économies de coût, mais il a également obtenu une structure en textile tendu à l'apparence fluide et lisse. **rp et ws**

1 – La forme architecturale du Lido, rappelle celle d'un chapiteau de cirque.

2 – Maquette montrant les principaux éléments structurels : un anneau
central entouré de mâts concentriques et le réseau de câbles de support.

3 – Le Lido avec ses chapeaux et cônes de mât caractéristiques.

4 – Tête de mât avant couverture.

5 – Détail du système d'ancrage : câble de bordure de membrane, fixation MagicClamp, câble caténaire externe, raccord pivotant MagicJoint.

6 – Le système d'ancrage des angles montrant les détails d'étanchéité et de fixation.

FAÇADES TEXTILES

PARC D'AFFAIRES DE STÜCKI

Lieu : Bâle, Suisse
Programme : complexe de laboratoire et bâtiment de bureaux de plusieurs étages
Maître d'ouvrage : Swiss Prime Site AG
Architectes : Blaser Architekten, Bâle
Ingénieurs membrane : Typico & Co, Lochau, Suisse

Type de membrane : base en polyester/fibre de verre non tissée avec un revêtement de finition polyacrylique
Surface de membrane : 10500 m²
Livraison : 2011

Des changements dynamiques sont en cours dans le district urbain du nord de Bâle. Le site des anciennes teintureries de Schetty, qui a été ensuite converti en entrepôts de maintenance Ciba est actuellement en train d'être transformé en lieu de rendez-vous prestigieux, inspirant et attrayant pour les entreprises qui innovent dans les domaines des sciences de la vie, de la technologie de l'information et des nanotechnologies.

Ce long bâtiment, qui commence à prendre forme depuis que sa construction a débuté en juillet 2007, est la colonne vertébrale du parc d'affaires de Stücki. L'édifice est constitué d'un rez-de-chaussée, avec une rampe d'accès et une route surélevée menant au niveau de l'entrée, située au premier étage, et de six étages au-dessus de celui-ci. L'innovante façade en membrane de 230 m de longueur, récemment mise en place, donne au bâtiment une identité incontestable (1).

La façade est fondée sur un concept simple mais efficace : une membrane de couleur métallique est tendue sur de longs prismes triangulaires asymétriques, formés de structures en aluminium soudé. Plusieurs prismes assymétriques différents sont fixés les uns à la suite des autres pour obtenir une forme ondulant le long des façades, afin de briser leur ligne et de créer du mouvement (3).

De plus, comme les prismes recouvrent les lignes de fenêtre, ils offrent également un intérêt visuel depuis l'intérieur du bâtiment. Bien qu'assymétriques, les différents prismes sont répétés en plusieurs endroits de la façade, afin de simplifier la fabrication des structures de support de la membrane.

Après son installation, le système de membrane de façade a tout d'abord été soumis à un test grandeur nature (2).

Ces dernières ont été construites à partir de sections d'aluminium soudées. Une fois terminées, les structures ont été fixées à la façade en béton du bâtiment avant d'être revêtues du parement en membrane textile (4).

Pour rester dans le périmètre de la parcelle du bâtiment, les façades sud et est ont été construites en deux dimensions, tout en conservant la même forme générale (3).

Le tissu de la membrane, de couleur anthracite métallisé, a été choisi pour sa transparence, ses propriétés auto-nettoyantes, sa surface réfléchissante et sa résistance au feu. Sa durée de vie est estimée à 25 ans.

La membrane apporte au simple bâtiment rectangulaire une apparence unique et frappante à une échelle macroscopique, et permet des jeux de réflexion et de visibilité (5). Suivant l'angle de vue et l'éclairage, le bâtiment peut avoir un aspect squelettique ou donner l'impression d'être drapé dans un vêtement aérien, qui crée un jeu d'ombre et de lumière et confère une certaine légèreté à la structure. **rp**

1 – Façade en textile.

2 – Test des panneaux de parement de la membrane.

3 – La façade ouest juste avant son achèvement.

4 – Structures d'aluminium soudées.

5 – Les panneaux de façade créent une dynamique en trois dimensions.

IMMEUBLE DE BUREAUX POUR L'ENTREPRISE YENDI

Lieu : Bulle, Suisse
Programme : immeuble de bureaux de plusieurs étages
Maître d'ouvrage : Yendi SA
Architectes : Deillon Delley Architectes, Bulle
Entreprise : Progin SA Metal, Bulle
Types de membrane : Peau extérieure : toile polyester avec revêtement de vinyle formulé, 100% recyclable, perméable
Peau intérieure : membrane en polyester non tissé et composite de verre avec revêtement de surface respirant en polyacrylate
Surface de membrane : 2800 m²
Livraison : 2007

Yendi est une ligne de prêt-à-porter féminin, fondée en 1976 à Bulle, en Suisse. Aujourd'hui, l'entreprise compte plus de 80 points de vente en Suisse et est devenue un acteur international en développant son activité dans les pays voisins. La philosophie propre à Yendi consistant à « sortir des sentiers battus » est apparue évidente dès 1999, lorsque fut prise, au cours de la construction du centre de logistique, la décision audacieuse d'envelopper ce bâtiment d'une sérigraphie textile, une solution de façade innovante à l'époque.

Sept ans après, les architectes Achille Deillon et Alexandre Delley ont conçu de nouveau une façade textile pour Yendi. Ce concept de façade a séduit l'équipe de management car il reflétait parfaitement leurs activités commerciales (1 et 2).

Le concept, destiné à la construction du nouveau bâtiment administratif de l'entreprise, consiste à inclure le système de façade textile initialement élaboré par le fabricant de tissu pour le bâtiment de la logistique. Le système de façade comporte une peau extérieure composée d'une toile polyester avec revêtement vinyle (4), à laquelle vient s'ajouter une membrane intérieure « respirante » avec un revêtement polyacrylique coloré (3), système qui protège la structure du vent et de la pluie tout en présentant une perméabilité à la vapeur. On obtient ainsi un système de façade multifonction, qui contribue efficacement à contrôler le climat intérieur de l'édifice, tout en donnant une impression de profondeur grâce à l'interaction de la lumière filtrant la couche extérieure et venant éclairer la membrane intérieure colorée.

La conception de la nouvelle façade reflète la particularité du centre de logistique voisin, tout en offrant une interprétation entièrement nouvelle. Pour atteindre cet objectif, les architectes se sont associés avec la société d'ingénierie BCS pour produire un assemblage de bardage de façade et d'écrans de protection solaire en toile, dont le tissu a été choisi dans le catalogue du même fabricant afin de s'assurer de l'homogénéité des couleurs. La couleur complémentaire de la membrane d'étanchéité intérieure produit un effet qui est mis en valeur lorsque les écrans solaires sont déplacés, ou lorsque l'impression de profondeur est modifiée par la variation de l'angle d'incidence des rayons du soleil frappant l'enveloppe extérieure. En conséquence, la façade offre un mouvement constant, augmentant ainsi l'intérêt visuel (8). Des bandes horizontales soulignent les étages et peuvent contenir les écrans solaires (5), permettant ainsi à ces derniers de disparaître pour que seule la façade textile et les profilés métalliques restent visibles (6). L'utilisation d'un textile identique pour la façade et les protections solaires crée un effet esthétique cohérent, en dépit de leurs fonctions différentes (7).

Le choix de la façade textile a été dicté par l'expérience du client avec le bâtiment de la logistique. De plus, il a été fortement influencé par la durabilité du textile technique, sa robustesse et sa résistance à la déchirure. Ce système de façade offre un niveau élevé de protection solaire, de ventilation et d'isolation, assurant ainsi un excellent contrôle du climat au sein du bâtiment, une fonction qui a été encore améliorée par rapport à l'ancien système.

rp et ws

1 – Vue générale extérieure.

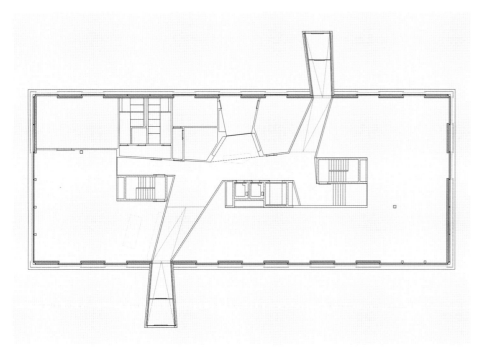

2 – Plan de l'étage de la réception.

3 – Membrane respirante interne derrière le filet extérieur.

4 – Détail du filet extérieur.

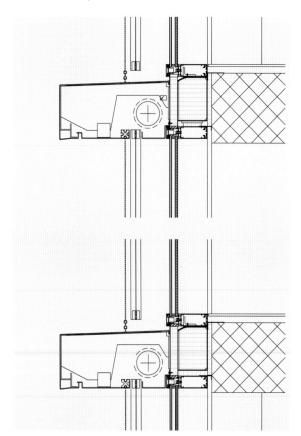

5 – Coupe verticale : le mécanisme de la protection solaire est placé dans les « bandes » horizontales.

6 – Protections solaires sorties, membrane de la façade et profils métalliques visibles.

7 – Les éléments de façade offrent une grande cohérence.

8 – Les positions changeantes des protections solaires...

...augmentent l'intérêt visuel du bâtiment.

MAGASIN PHARE DEICHMANN

Lieu : Essen, Allemagne
Programme :
magasin de plusieurs
étages
Maître d'ouvrage :
Heinrich Deichmann-
Schuhe & Co. KG
Architectes : Planungs-
gruppe Drahtler,
Dortmund, Allemagne
Ingénieur membrane :
Tensoforma Trading,
Entratico, Italie

Entreprise :
Zompras Metallbau,
Soest, Allemagne
Type de membrane :
toile polyester avec
revêtement de
vinyle formulé,
100% recyclable
Surface de membrane :
550 m²
Livraison :
2008

Le nouveau magasin phare de Deichmann sur Limbecker Platz, dans le centre-ville d'Essen, apporte une présence nouvelle et saisissante au quartier. Après la démolition du bâtiment existant, utilisé par le client depuis 1994, une nouvelle structure de cinq étages et d'une superficie de 2000 m² a été construite, principalement occupée par l'enseigne Deichmann et accueillant une clinique chirurgicale au troisième étage.

Pour contraster avec l'immeuble imposant qui lui fait face – un centre commercial doté d'une façade en tôle perforée –, la façade du nouveau magasin a été choisie pour avoir une apparence plus uniforme tout en retenant l'attention (1). Dans le même temps, il fallait qu'elle soit transparente afin d'assurer des liens visuels étroits avec le monde extérieur. L'objectif était très clair : mettre en valeur l'intérieur vu de l'extérieur. Le niveau de transparence répondait également à l'exigence du maître d'ouvrage qui souhaitait que, de l'intérieur, les clients du magasin puissent apprécier la vue sur l'extérieur.

Après avoir envisagé diverses approches, le concept de façade en textile s'est révélé le plus convaincant. En plus du niveau élevé de transparence et d'une durabilité éprouvée, la décision a été finalement emportée par la large gamme de couleurs que proposait la toile choisie. Le ton « métal martelé » a finalement été sélectionné. Ce choix convenait parfaitement à l'assemblage de matériaux adoptés pour la construction du nouveau magasin : verre et métal utilisés de manière ostensible avec des zones contrastées en panneaux de céramique. La toile retenue se mariait bien également avec l'aspect métallique de l'immeuble d'en face.

Un autre avantage de la solution en membrane textile résidait dans la possibilité de construire des panneaux de façade courbes (2) ; afin d'optimiser les limites cadastrales, l'enveloppe structurelle du bâtiment a été conçue pour « se couler » dans tout l'espace disponible.

La base de la façade consiste en une structure poteaux/poutres d'un ton gris foncé rappelant le mica, avec des éléments vitrés, dont certains peuvent être ouverts. Le rez-de-chaussée comprend une vitrine polygonale avec des éléments en verre incurvés. La membrane textile d'environ 550 m² couvre la plus grande surface de la façade (3). L'inscription Deichmann et le logo sont imprimés numériquement sur le textile (4). Ce système de façade textile de fabrication italienne est composé de châssis en aluminium d'une dimension de 1,25 x 3,60 m, sur lesquels la membrane textile est tendue. La fabrication des châssis est similaire à celle des parties planes de la façade. La surface de membrane est interrompue au niveau du sol et du toit par des panneaux de céramique gris-brun foncé (5), qui couvrent également les parois de transition avec les bâtiments voisins.

Le défi du concepteur a été de développer un concept architectural propre à l'entreprise, que le client pouvait utiliser comme modèle pour d'autres magasins. L'image extérieure de la marque devait être projetée sans autres éléments lumineux ou logos qui auraient nui à l'esthétique harmonieuse de la façade. Grâce au choix d'une façade textile, l'architecte a pu satisfaire les exigences du maître d'ouvrage et lui proposer une solution économique de grande qualité. **rp et ws**

1 – Style et transparence
de la façade sur Limbecker
Platz, Essen, Allemagne.

2 – Façade courbe pour une utilisation optimale de la surface au sol.

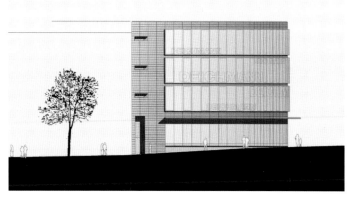 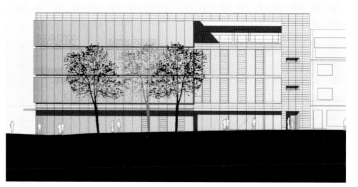

3 – Élévations montrant les zones où se trouvent la membrane textile,
la surface vitrée et les carreaux de céramique.

4 – Lettres imprimées numériquement sur le textile.

5 – Les panneaux de céramique rectangulaires définissent le niveau des étages.

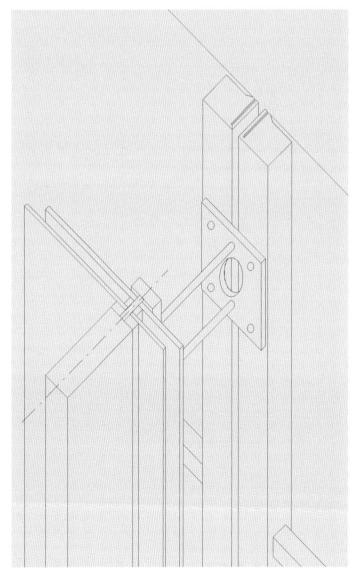

6 – Détail de fixation des panneaux plats adjacents au meneau vertical.

PAVILLON ALLEMAND « BALANCITY » DE L'EXPO 2010 À SHANGHAI

Lieu : Shanghai, Chine
Programme : pavillon pour l'Expo 2010
Maître d'ouvrage : ministère allemand de l'Économie et de la Technologie
Organisation/fonctionnement : Koelnmesse International, Cologne, Allemagne
Architectes/coordination générale : Schmidhuber + Kaindl, Munich, Allemagne
Conception, fabrication et installation : TAIYO KOGYO China
Conception des médias et de l'exposition : Milla und Partner, Stuttgart, Allemagne
Entreprise générale : Nüssli Deutschland, Roth, Allemagne
Type de membrane : toile polyester avec revêtement de vinyle formulé, 100% recyclable
Surface de membrane : 12000 m²
Livraison : 2010

Le concept « balancity », conçu par les architectes munichois Schmidhuber et Kaindl, est la réponse allemande au thème « Meilleure ville, meilleure vie » de l'Expo 2010 : c'est celui d'une ville qui équilibre l'innovation avec la tradition, les aspects urbains avec la nature et la mondialisation avec l'identité nationale. Au premier regard, le pavillon (1) illustre le thème central de l'Expo, un assemblage d'éléments opposés qui s'unissent en s'équilibrant.

Lors de la conception architecturale du pavillon, Schmidhuber et Kaindl ont souhaité lui donner un caractère puissant, sculptural. Cet aspect devait être renforcé par la transparence, des salles inondées de lumière, un sentiment d'apesanteur et de souplesse. Ils ont choisi une façade en textile, ce matériau étant le plus adapté pour souligner l'aspect voulu de la manière la plus durable possible. La toile couvre le bâtiment en souplesse, comme une seconde peau.

Le changement perpétuel a été l'un des thèmes principaux de la conception.

Il s'exprime par la toile argentée de la façade dont l'apparence varie en fonction de la lumière. Par exemple, le bâtiment est enveloppé d'une lumière rougeâtre au lever du soleil; en plein jour, il paraît être fait de cristaux d'argent, et il est souligné par le saisissant contraste, de nuit, entre son enveloppe textile argentée et la lumière réfléchie par la zone engazonnée qui se situe dessous (2).

Un autre thème principal de la conception du pavillon a été le gommage des frontières entre l'intérieur et l'extérieur. Par exemple, le mur du salon VIP, qui se développe à partir de la façade extérieure, effectue une transition à l'intérieur du tunnel, puis se transforme en rampe d'escalier, pour finalement se perdre à nouveau au sein de l'immense masse de la structure (3).

La dimension conceptuelle supplémentaire créée par la transparence du tissu devient particulièrement évidente lorsque l'on pénètre à l'intérieur de l'édifice. La majeure partie du tissu est opaque ; cependant un certain nombre de zones où le textile est transparent révèlent des vues sublimes vers l'extérieur (4). Selon où ils se trouvent, les visiteurs perçoivent une succession d'angles et d'impressions différents.

Un autre facteur important en faveur du choix de la façade en textile a été la possibilité de recyclage à la fin de l'Expo. Les travaux préparatoires permettant celui-ci ont été achevés au début de l'année 2011. Sous la supervision de l'entrepreneur général Nüssli, la structure a été entièrement démontée (5). Une partie du textile a pu être réutilisée à l'école allemande de Shanghai, tandis qu'environ 11 000 m² restaient à recycler. Les éléments non textiles tels que les cordes métalliques, les œillets et les tubes ont donc dû être enlevés. La toile récupérée a ensuite été fermement attachée sur des palettes et transportée par conteneurs jusqu'à l'usine du fabricant Texyloop à Ferrare, en Italie, où elle a été entièrement recyclée, à 70% en granulats de PVC et à 30% en fibres de polyester, servant de matière première à de nombreux nouveaux produits. **rp et ws**

1 – Le pavillon «balancity».

2 – Un équilibre élégant entre des éléments opposés.

3 – La membrane extérieure devient l'intérieur du bâtiment.

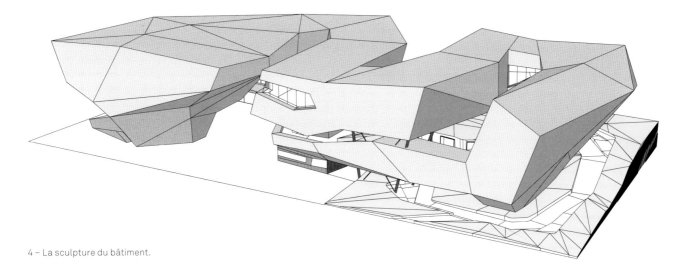

4 – La sculpture du bâtiment.

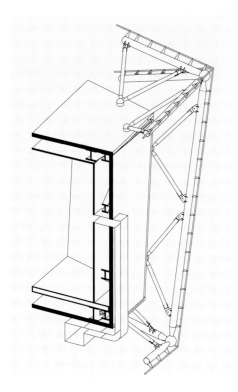

6 – Révélation d'une vue spectaculaire du haut du pavillon.

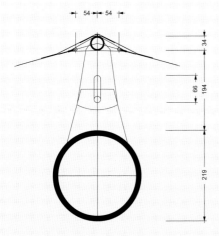

5 – Détails de fixation des panneaux de membrane.

7 – Récupération de la membrane en vue de son recyclage.

8 – De nombreux contrastes sobres entre les textures.

9 – À la lumière du jour, le bâtiment ressemble à un cristal argenté.

HALL D'EXPOSITION ET IMMEUBLE DE BUREAUX POUR KERAMIKLAND

Lieu : Cham, Suisse
Programme : immeuble de bureaux R + 2
Maître d'ouvrage : Keramikland AG
Architectes : Hans Schwegler, Ufhusen, Suisse
Conception et installation de la façade : HP Gasser, Lungern, Suisse
Fabrication de la membrane : Mehotex, Berthoud, Suisse

Type de membrane :
Peau extérieure : filet de fibre de verre haute tenue avec revêtement PTFE
Peau intérieure : revêtement de polyacrylate respirant sur une membrane composite en polyester non tissé et verre
Surface de membrane : 1073 m²
Livraison : 2011

Keramikland est une entreprise de distribution et d'architecture intérieure, spécialisée dans les salles de bains de luxe et les produits sanitaires. La construction du nouveau hall d'exposition de l'entreprise dans le centre de la Suisse nécessitait la reconversion et l'adaptation de l'ancien atelier d'entretien d'une entreprise de chauffage.

Le site choisi regroupait un assemblage disparate de bâtiments, dont une réception, une zone dédiée à l'accueil de la clientèle, un atelier, des bureaux et un hangar. L'architecte s'est trouvé confronté à des bâtiments dont le nombre d'étages et les hauteurs variaient. Au-delà de ce défi, se posait également la question de l'intégration des différentes fenêtres ; le hangar en était dépourvu, tandis que l'atelier en avait de grandes et que celles du bureau étaient étroites.

Le client souhaitait avant tout une façade innovante d'aspect prestigieux, à l'image de l'entreprise et de la grande qualité de ses produits. Le concept de base du bâtiment consistait à augmenter la hauteur des bureaux et de la zone d'accueil de la clientèle, afin de les unifier au sein d'une structure cubique. Pour obtenir une apparence homogène, l'architecte Hans Schwegler a utilisé une membrane double peau dont la peau extérieure voile partiellement les fenêtres. Une structure monolithique de parements sophistiqués en textile noir a donc été créée. Sa façade principale n'est interrompue que par le blanc contrasté du nom de l'entreprise et de la spectaculaire zone d'entrée (1).

Un des avantages du textile utilisé pour la peau extérieure de la façade est sa capacité à laisser passer le niveau de lumière nécessaire par les fenêtres existantes. Sa transparence assure un grand confort visuel aux personnes travaillant dans les bureaux (3) et permet d'éclairer naturellement les expositions dans le hall. La façade textile joue un rôle d'écran contre le soleil et l'éblouissement en été, tout en permettant une ample pénétration de lumière, même quand le ciel est nuageux. La transparence de la toile est également du plus bel effet, lorsque l'intérieur du bâtiment est éclairé de manière artificielle. De jour, le bâtiment revêt un caractère monolithique, tandis que de nuit, la transparence du textile laisse apparaître les fenêtres de tailles différentes, ajoutant ainsi un intérêt visuel.

La peau extérieure – façade en parements textiles - est constituée d'une membrane composite en fibre de verre avec une surface en PTFE. La peau intérieure – protection étanche – est respirante, en polyester/verre non tissé, avec un revêtement en polyacrylate. La solution de façade double peau réduit l'énergie nécessaire pour climatiser le bâtiment ; l'air réchauffé par le soleil monte dans l'espace de ventilation entre les peaux intérieure et extérieure, permettant ainsi de limiter le réchauffement de la façade. La membrane intérieure de la façade, respirante, contribue donc à une protection optimale contre l'environnement. De plus, la façade satisfait aux réglementations locales strictes en matière de protection incendie.

Des consoles en acier galvanisé avec un revêtement poudre ont été fixées à l'infrastructure, au travers de la membrane intérieure ; elles supportent les profilés en aluminium anodisé sur lesquels est fixée la peau extérieure (4). Les composants des fixations de la peau extérieure (c) ont été fabriqués sur mesure pour le projet par une entreprise spécialisée. Le câble en acier inoxydable (b) ancre la toile (a) dans le rail Keder (d), et les ajustements de tension finaux du textile peuvent être effectués grâce aux boulons en acier inoxydable (e).

Cette solution en membrane double peau a permis à l'architecte d'atteindre les objectifs fixés par son client et d'obtenir une façade qui unifie avec succès les différents éléments des bâtiments. Cette rénovation spectaculaire insuffle une nouvelle vie à ce site industriel (2).

rp et ws

1 – La façade textile avec une signalétique et des zones d'entrée d'un blanc contrasté.

2 – Une solution spectaculaire de façade en architecture textile.

3 – Confort visuel élevé pour les employés des bureaux.

4 – Système de profilés en aluminium pour la fixation et la mise en tension de la peau extérieure.
a : Toile de fibre de verre avec revêtement PTFE
b : Câble d'acier inoxydable dans une poche de toile
c : Boulon de mise en tension en acier inoxydable
d : Extrusion du rail Keder en aluminium
ę : Extrusion du cadre en aluminium

SEDE iGUZZINI ILLUMINAZIONE ESPAÑA

Lieu : Barcelone, Espagne
Type de bâtiment : immeuble de bureaux R + 3
Client : iGuzzini Illuminazione España
Architectes : MiAS Architects, Barcelone
Conception/fabrication et installation : Iaso, Lleida, Espagne

Type de membrane : toile polyester avec revêtement de vinyle formulé
Surface de membrane : 1600 m²
Livraison : 2010

La construction du nouveau siège social espagnol du fabricant de luminaires iGuzzini, situé sur l'un des principaux axes de circulation de Barcelone, s'est avéré être un défi. Le cabinet d'architectes MiAS a opposé à la réalité industrielle animée du site du projet, le contraste d'une structure en ellipse qui attire le regard et stimule l'imagination. Le bâtiment obtenu s'élève sur un podium en béton, son activité intérieure étant voilée par une membrane externe en textile technique (8).

Le bâtiment est composé d'une structure métallique tubulaire centrale, en forme de vase, qui supporte entièrement les quatre étages de bureaux disposés comme un empilement d'anneaux. Une double peau en textile haute performance garnit la façade sud, permettant à la fois de contrôler le climat à l'intérieur du bâtiment et de définir sa forme. L'armature centrale en acier sert également de puits de lumière pour les espaces de travail situés au cœur du bâtiment, créant une juxtaposition fascinante entre les lumières naturelle et artificielle.

L'économie d'énergie et la durabilité font partie intégrante de la conception du bâtiment, une exigence rendue encore plus complexe par l'intégration de façades vitrées toute hauteur à chaque étage. À cet égard, le fait d'ajouter une peau externe transparente crée un effet saisissant tout en améliorant l'efficacité énergétique globale du bâtiment. Cette solution dépend largement des caractéristiques de performance du textile technique choisi. Le textile a été élaboré à partir d'une toile polyester à mailles ouvertes. Un revêtement de vinyle formulé a été appliqué sur les deux faces de la toile avec le procédé Précontraint, qui garantit l'uniformité de l'épaisseur du revêtement. Le textile obtenu est dimensionnellement stable, autonettoyant, et a une durée de vie de l'ordre de 25 à 30 ans. Sa structure ouverte offre une transparence suffisante pour assurer les niveaux de lumière naturelle voulus, tout en protégeant la façade vitrée interne contre le rayonnement solaire (1). Ces caractéristiques, ainsi que la protection contre le vent et la pluie, créent une zone tampon entre l'enveloppe du bâtiment et l'environnement extérieur. L'utilisation de textile technique permet de réduire ainsi l'énergie nécessaire pour le contrôle climatique et, en association avec le puits de lumière central, de réduire également le besoin en éclairage artificiel, deux facteurs importants qui assurent le confort des occupants.

La membrane textile est continue sur tout le pourtour de la façade sud et s'ouvre du côté nord pour révéler la peau intérieure du bâtiment (2). Un point important de ce projet réside dans la précision de la fabrication et de l'installation de la membrane, rendue possible par la stabilité dimensionnelle du textile. La membrane et son armature ont été développées à l'aide de logiciel de conception assistée par ordinateur et de modélisation 3D, afin de définir le gabarit de découpe des panneaux de textile et la position des points de fixation de la membrane. Les éléments ont donc été fabriqués et assemblés avec une extrême précision, grâce à des soudures électromagnétiques à haute fréquence permettant de s'assurer de la qualité de la membrane (9). Les fixations de la membrane comportent deux disques jumeaux en métal boulonnés, enserrant le textile qu'ils fixent ainsi fermement (5). Ils sont à leur tour fixés sur des points d'ancrage multifonctionnel en métal qui relient les tubes d'acier de section carrée, disposés en triangles, évoquant plus ou moins un dôme géodésique (6). Les treillis ainsi obtenus forment l'armature de la membrane. La fixation centrale à vis de celle-ci a permis d'ajuster la tension du textile après la fixation initiale (7 et 10). Les points d'ancrage multifonctionnel sont eux-mêmes boulonnés sur un des dix treillis en acier tubulaire verticaux, uniformément répartis autour de la façade intérieure du bâtiment (3). La membrane textile met en valeur la géométrie des éléments triangulaires et donne un aspect particulièrement dynamique à la façade, grâce à des rayures diagonales alternées, qui ont tonalités grises et argentées, choisies parmi une large palette de couleurs disponibles.

Outre l'efficacité de l'éclairage et du contrôle climatique intérieur procurée par la façade, les utilisateurs du bâtiment bénéficient d'un niveau élevé de confort, d'une bonne visibilité sur l'environnement extérieur et d'une belle structure (4). **rp et ws**

1 – Une membrane réduisant substantiellement la transmission de lumière et de chaleur.

2 – La membrane du côté nord s'ouvre pour révéler la façade de verre.

3 – Des treillis en acier tubulaire servent de supports à l'armature de la membrane.

4 – Le confort visuel allié à la protection contre l'éblouissement.

5 – Fixations de membrane en forme d'anneaux.

6 – L'armature triangulaire avant l'installation de la membrane.

7 – Installation et fixation initiale de la membrane.

8 – L'architecture textile telle une sculpture moderne.

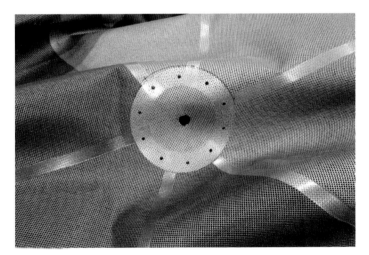

9 – La précision de la coupe et de la soudure est essentielle dans
la fabrication de la membrane.

10 – La membrane une fois tendue.

PROTECTION SOLAIRE

ÉCOLE INTERNATIONALE DE RIFFA VIEWS

Lieu : Manama, Bahreïn
Programme : ombrage pour la piscine et protection solaire des façades
Maître d'ouvrage : Riffa Views International School
Architectes/ingénieurs : Mohamed Salahuddin Consulting Engineering Bureau, Architects and Engineers, MSCEB, Manama

Entreprise, fabrication et installation : Gulf Shade, Manama
Type de membrane : toile de fibre polyester à maille ouverte, revêtement en vinyle formulé et verni de finition en laque acrylique
Surface de membrane : 2300 m²
Livraison : 2009

Une solution en textile technique offre une protection solaire à la zone de piscine de l'école internationale de Riffa au Bahreïn, satisfaisant l'objectif de conception principal, qui était de maintenir une piscine à ciel ouvert, tout en protégeant les nageurs des ardeurs du soleil (2). Le concept de membrane est également repris dans la protection solaire de la façade (1).

Un auvent en membrane textile était parfaitement adapté à la géométrie du site. La piscine de 45 x 35 m est bordée sur deux côtés par le bâtiment de l'école ; un mur en béton armé masque les deux côtés restants. Le bâtiment de l'école offre des ancrages pour l'auvent sur un côté. Le côté opposé est ancré à des mâts en acier, grâce à des platines d'angle. Les mâts forment des structures en A articulées, fixées au mur de béton qu'elles utilisent comme support. La structure en acier comporte huit points d'ancrage de la membrane au sommet des colonnes, le point d'ancrage final étant situé sur le mur du bâtiment principal (3). Les panneaux de membrane utilisés en façade sont fixés sur des structures en « A » similaires, afin d'assurer la continuité architecturale (1).

La toile choisie est constituée de fibre polyester à maille ouverte enduite, d'un poids de 820 g/m². Le matériau a été choisi pour sa haute résistance aux radiations solaires et les possibilités de recyclage qu'il offre. La durée de vie estimée de ce textile est supérieure à dix ans. Avant la découpe du patron, des tests axiaux ont été effectués, afin d'évaluer la compensation nécessaire pour ce type de tissu, un facteur indispensable pour déterminer l'allongement de la toile durant les phases de précontrainte.

Le plan de découpe de la toile a été conçu avec attention, car il affecte non seulement l'aspect visuel de la structure finie, mais il peut également réduire les gaspillages de matière lors de la découpe des bandes de tissu. Dans ce cas particulier, l'option prise a été d'orienter les bandes de membrane dans le sens perpendiculaire à la longueur de l'auvent.

La conception de la membrane a été générée en 3D grâce à l'utilisation d'un logiciel spécialisé dans la simulation de structures tendues (4). La forme obtenue a été sélectionnée sur des critères d'élégance, de profil et de courbure.

La charge sur la membrane a été calculée en prenant en compte une vitesse de vent type de 40m/s, et l'analyse structurelle a été réalisée en se basant sur cette hypothèse. Différents scénarios de l'action du vent on été modélisés pour vérifier la stabilité de la structure. Le résultat de cette analyse structurelle a ensuite été utilisé pour concevoir et dimensionner les câbles et gréements de la membrane, ainsi que les mâts et les entretoises en acier.

Différentes platines d'angle ont été fabriquées pour la membrane, afin de satisfaire aux exigences de chaque point de fixation (5). **rp**

1 – Auvents de protection de la façade.

2 – Auvents de protection de la piscine.

3 – Auvent et structure composite de support.

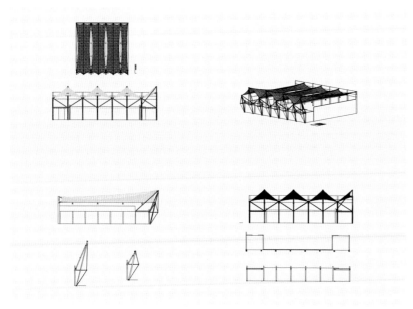

4 – Résultats de la conception.

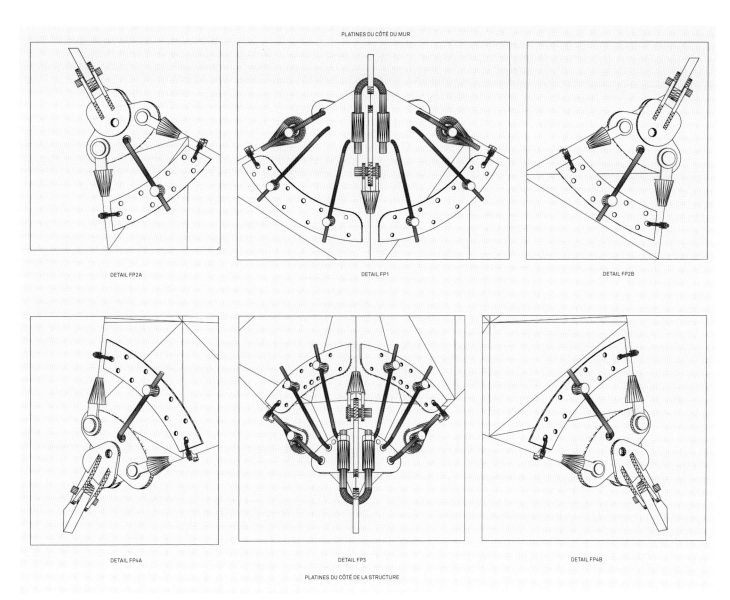

PLATINES DU CÔTÉ DU MUR

DETAIL FP2A   DETAIL FP1   DETAIL FP2B

DETAIL FP4A   DETAIL FP3   DETAIL FP4B

PLATINES DU CÔTÉ DE LA STRUCTURE

5 – Platines de fixation de la membrane.

6 – Vue générale de l'intégration de l'auvent textile dans le complexe scolaire.

OMBRE ET OMBRE PORTÉE DANS UNE COUR INTÉRIEURE

Lieu : Riyad, Arabie Saoudite
Maître d'ouvrage : Saad Ben Laden
Architectes : Ali Smaili, université du Roi-Saoud, Riyad
Ingénieurs membrane : Société libanaise des industries réunies (SLIR), Liban et Arabie Saoudite
Membrane : toile de fibre polyester avec revêtement PVDF
Surface de membrane : 125 m²
Livraison : 2009

Étant donnée l'importance historique des tentes nomades dans le désert, les structures en membrane contemporaines trouvent en Arabie Saoudite une niche culturelle appropriée. Une solution moderne est apportée ici à un besoin de protection solaire pour la cour intérieure d'une maison de Riyad. Le climat en Arabie Saoudite, un rayonnement solaire intense accompagné de hautes températures, est un défi considérable pour la conception. Les rayons du soleil peuvent endommager non seulement la peau humaine, mais également le textile de la membrane.

En ce qui concerne la solution architecturale, la forme est simple. Pour la zone ombragée principale, trois voiles horizontales sont interconnectées ; chaque surface de membrane forme un ombrage en forme d'hyperbole (1 et 2). Les voiles sont disposées horizontalement et se recouvrent partiellement. Quand le soleil se déplace dans le ciel, le motif de l'ombre portée change, devenant plus protecteur aux heures les plus chaudes de la journée.

Les voiles sont orientées pour concentrer les courants d'air et les diriger vers la zone ombragée qu'elles protègent. Ainsi, bien que la forme soit simple, la mise en place de la membrane offre une protection solaire élégante et efficace. Du côté opposé de la cour intérieure, un auvent en membrane similaire est utilisé pour produire de l'ombre au-dessus d'une entrée de la maison.

Le textile choisi pour les voiles (5) a été sélectionné pour sa capacité à résister à des conditions atmosphériques extrêmes. Les fibres de polyester du textile ont été réalisées avec le processus breveté Précontraint qui permet d'obtenir une résistance exceptionnelle aux UV. Le textile a également reçu un traitement de surface hautement concentré en PVDF (polyfluorure de vinylidène) qui assure une facilité d'entretien sur le long terme, afin de réduire les coûts de maintenance pour le propriétaire. De plus il est recyclable à 100%, ce qui est une considération importante étant donné le besoin omniprésent de protéger l'environnement naturel.

Structurellement, le critère de dimensionnement a pris en compte les charges suivantes : précontrainte de la membrane, pression du vent et poids du sable. Les platines d'angle de la membrane, les câbles de rigidification des rives et leurs fixations sont en acier inoxydable (4).

Les ancrages sur le mur (3) sont constitués de platines en acier galvanisé. Après avoir été boulonnées dans les murs de maçonnerie, les fixations de la platine sont dissimulées derrière une couverture en acier. Le choix des métaux pour la fabrication des ancrages a été fait en équilibrant le coût et la durabilité avec l'esthétique. Le climat de Riyad étant très sec, les risques de corrosion ici sont donc faibles. Les ancrages ont été installés en utilisant des outils et des moyens d'accès standards, puis la pose et la mise en tension de la membrane ont été rapidement exécutées par l'installateur spécialisé. **rp**

1 – Ombre et ombre portée.

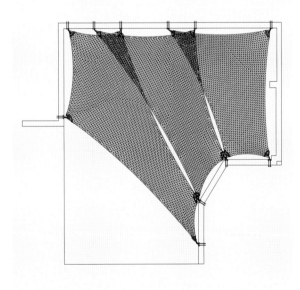

2 – Vue en plan de l'auvent.

3 – Intégration de l'auvent dans la structure de la maison.

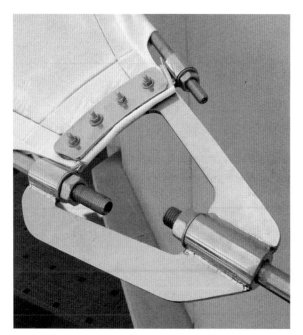

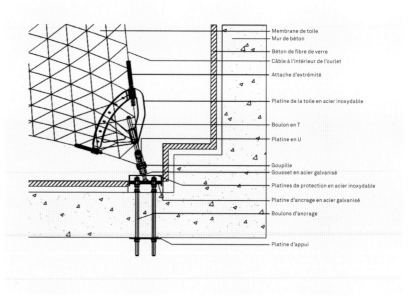

Membrane de toile
Mur de béton
Béton de fibre de verre
Câble à l'intérieur de l'ourlet
Attache d'extrémité
Platine de la toile en acier inoxydable
Boulon en T
Platine en U
Goupille
Gousset en acier galvanisé
Platines de protection en acier inoxydable
Platine d'ancrage en acier galvanisé
Boulons d'ancrage
Platine d'appui

4 – Platine d'angle de la membrane et détail d'ancrage.

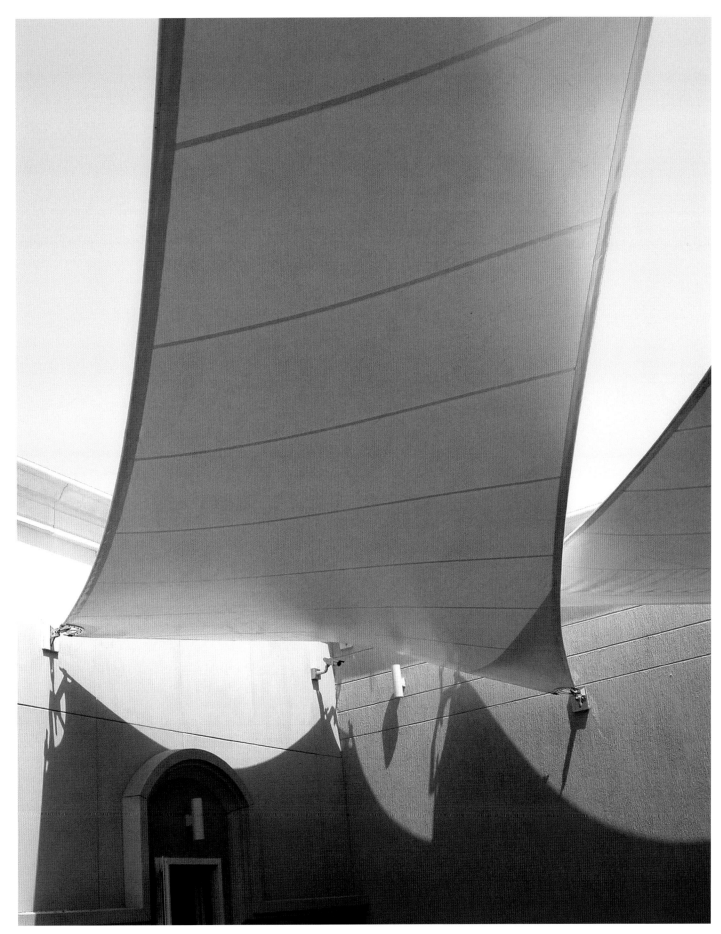

5 – Textile soumis à une exposition agressive aux UV.

BÂTIMENT
DE BUREAUX

Lieu : Bâle, Suisse
Programme : immeuble
de bureaux R + 4
Maître d'ouvrage :
Novartis Pharma AG
Architectes : Gehry
Partners, LLP,
Los Angeles, États-Unis
Direction générale
et gestion de projet :
ANW Arcoplan/Nissen
& Wentzlaff General-
planer, Bâle
Concept climatique :
Transsolar, Munich,
Allemagne
Conception, fabrica-
tion et installation des

équipements de
protection solaire :
Clauss Markisen
Projekt, Bissin-
gen-Ochsenwang,
Allemagne
Type de membrane :
base en maille polyes-
ter avec revêtement
vinyle et traitement
Low E (faible émissivité)
Surface de membrane :
10000 m²
Livraison : 2010

Cet immeuble de bureaux comprenant un auditorium, créé par Gehry Partners, LLP, est représentatif de la manière déconstructiviste avec laquelle cet architecte joue avec les formes. Ce bâtiment se distingue par le style libre de ses volumes qui se fondent l'un dans l'autre, ainsi que par sa transparence et sa généreuse ouverture (1). Il est conçu comme une sculpture de verre représentatif de multiples structures en forme de boîtes dont les façades sont imbriquées les unes dans les autres. La conception des systèmes de protection solaire a représenté un grand défi, de par les angles irréguliers et les courbures des façades, ce qui impliquait que le textile technique utilisé pour leur réalisation soit très performant. En plus d'une taille importante et de formes extrêmement complexes, une vaste gamme de spécifications techniques telles que le traitement Low E (faible émissivité) a dû être respectée.

La protection solaire de l'enveloppe de ce bâtiment complexe aux nombreuses façades est assurée par de grands panneaux de textile montés à l'intérieur et fabriqués selon trois formes de base : triangle, rectangle et trapèze. Les panneaux textiles se déroulent à partir de supports tubulaires opposés et sont taillés de manière à ce que, une fois entièrement déroulés, ils forment une protection solaire continue (2 à 4). Le recouvrement des différentes surfaces de façade s'obtient en changeant les alignements des supports tubulaires des panneaux textiles, dont le nombre total s'élève à 142 (5).

Le développement durable a été le mot d'ordre pendant la conception. La climatisation du bâtiment est gérée par une interaction sophistiquée entre différents éléments. La façade extérieure est composée d'un triple vitrage muni d'un revêtement Low E adéquat, ainsi que d'une ventilation intégrée. Le système de protection solaire intérieur permet un haut niveau de protection, tout en restant transparent, et est également muni d'un revêtement Low E. Même le toit joue un rôle, grâce aux panneaux solaires qui produisent de l'électricité et augmentent la protection solaire, et grâce à des lamelles blanches, hydroréfrigérées, qui diffusent la lumière du soleil tout en réduisant la charge thermique.

Le textile de protection solaire devait garantir une réflexion lumineuse de 57% et une transmission de 22%. Il est muni d'un revêtement Low E dont l'émissivité maximale est de 0,48. L'énergie solaire arrivant sur le système de protection solaire du bâtiment est partiellement reflétée par la toile, et en partie absorbée par celle-ci. L'accumulation de chaleur qui en résulte se disperse sur une vaste zone, grâce à deux mécanismes : la convection de l'air chaud et le rayonnement. Par conséquent, bien que les panneaux solaires soient chauffés du fait de l'inclinaison de la façade, le revêtement Low E supprime ce rayonnement. Le triple vitrage et les systèmes de protection solaire s'associent pour que l'efficacité thermique de la façade soit élevée. Ce dispositif a un effet considérable sur l'impression de confort que l'on ressent à l'intérieur du bâtiment.

Outre des caractéristiques de protection incendie adéquates, le textile technique choisi pour la fabrication des écrans solaires devait garantir une performance élevée. Cette structure illustre à nouveau la diversité des solutions envisageables en textiles techniques. Ce type de protection solaire permet d'obtenir un environnement de travail très confortable et efficace, en harmonie avec l'architecture du bâtiment. **rp et ws**

1 – Une architecture déconstructiviste frappante : l'immeuble de bureaux conçu par Gehry Partners, à Bâle.

2 – Des écrans textiles escamotables et s'emboîtant permettent d'obtenir un très bon niveau de protection solaire.

3 – Outre un faible rayonnement de chaleur, le matériau utilisé est transparent et dimensionnellement stable.

4 – Les protections solaires intérieures s'intègrent parfaitement à l'architecture, tout en garantissant aux espaces de travail une lumière naturelle généreuse.

5 – Détails de l'installation à l'endroit où les écrans s'emboîtent.

L'HÔTEL DOLDER GRAND

Lieu : Zurich, Suisse
Programme :
hôtel avec spa
Maîtrise d'ouvrage :
Dolder Hotel AG
Architectes : Foster
+ Partners Riverside
Three, Londres,
Grande-Bretagne
Direction générale
et gestion de projet :
Itten + Brechbühl,
Zurich

Installation/concep-
tion des protections
solaires : Kästli & Co.,
Berne, Suisse
Type de membrane :
base en toile polyester,
avec deux densités de
tissage différentes et
revêtement vinyle
Surface de membrane :
environ 2000 m²
Livraison :
2008

Avec la rénovation du célèbre hôtel « Dolder Grand » à Zurich, sir Norman Foster crée avec assurance un pont entre tradition et modernité. L'objectif principal de la conception était de mettre en valeur avec soin, comme élément central, le bâtiment d'origine. Le style propre à l'agence Foster + Partner se reflète surtout dans les extensions regroupées autour du bâtiment principal :
– une salle de bal ovoïde construite dans la pente ;
– un rez-de-jardin avec un restaurant et un grand espace de conférence ;
– deux extensions qui encadrent le bâtiment d'origine, l'aile du golf et l'aile du spa (1).

L'hôtel occupe une position dominante sur la pente sud de l'Adlisberg, une colline surplombant Zurich. Cette implantation, ainsi que les nombreux règlements sur la protection des bâtiments historiques, ont généré un très haut niveau d'exigence pour la conception des protections solaires de l'hôtel.

La grande variété des protections requises a représenté le premier défi, depuis les auvents rétractables en forme de dôme, en passant par des marquises classiques (5 et 6), jusqu'aux stores rétractables verticaux et inclinés (3). En raison de la nature du projet et du désir d'obtenir une homogénéité visuelle, un textile de grande qualité a été nécessaire. Le tissu de maille polyester avec revêtement vinyle choisi a été spécifié avec deux maillages différents, pour une variation

de transparence suivant l'emplacement de l'écran ; le concepteur a souhaité profiter au maximum des vues spectaculaires offertes par l'hôtel. Le textile a été fabriqué suivant le procédé breveté Précontraint, qui garantit non seulement l'uniformité du revêtement vinyle du tissu, mais permet également d'obtenir un matériau solide et fin. Grâce à cela, les boîtiers enrouleurs des protections solaires sont compacts et discrets.

Une des caractéristiques de la façade est le « nez Dolder ». Celui-ci rappelle le bord du toit caractéristique, légèrement en saillie, tout en intégrant les stores de protection solaire des patios orientés au sud. Le panneau textile du store est fixé dans un profilé moulé dans la traverse en aluminium anodisé qui forme l'extrémité rigide du store lorsque celui-ci est ouvert. Lorsqu'il est fermé, la surface de la traverse s'intègre parfaitement dans la sous-face du « nez Dolder ». Durant la phase de conception détaillée, beaucoup de soin a été apporté à la recherche du meilleur compromis entre l'ombrage maximal et la distance entre chaque auvent, tout en conservant les ondulations de la façade (6).

Des écrans verticaux immenses, d'une taille de 2 x 5 m, ont été mis en place pour protéger la salle de conférence (2). En raison de leur exposition, ceux-ci doivent être susceptibles de résister à des vents d'une vitesse pouvant atteindre 60 km/h. Ici, le tissu choisi s'est avéré être parfaitement adapté en raison de sa résistance

au déchirement et de sa stabilité dimensionnelle, propriétés renforcées par le procédé Précontraint. Ce textile présentait également d'excellentes propriétés en termes de protection solaire et d'anti-éblouissement, associées à un niveau élevé de transparence. Des baguettes de fibre de verre cousues dans le textile ont été ajoutées comme raidisseurs supplémentaires à tous les écrans verticaux. Cette solution, empruntée à la fabrication des voiles de bateaux, permet de s'assurer que les écrans puissent résister aux pressions causées par des vents forts. Le textile choisi a été également adapté pour les parasols protégeant les tables, assurant ainsi un aspect homogène.

Les balcons des nouvelles extensions, spa et golf, de l'hôtel sont également équipés d'auvents rétractables de conception similaire à ceux précédemment évoqués (7). La forme du profil de la traverse du bord d'attaque du store permet à ce dernier de s'intégrer discrètement dans le détail architectural de la façade. Les stores, de par leur conception, ont une rigidité suffisante pour résister aux vitesses de vent élevées et pour permettre de varier la largeur de l'écran en fonction des courbes concaves et convexes de la façade.

Les hautes performances du textile technique choisi ont permis d'apporter une solution flexible pour réaliser des protections solaires de grande qualité, un défi majeur de ce projet de rénovation.

rp et ws

1 – La modernité rencontre la tradition : l'extension du golf devant le bâtiment d'origine.

2 – Un défi exigeant : les écrans de protection solaire de grand format.

3 – Auvents fixes inclinés au-dessus d'un patio.

4 – Grâce à une ingénierie de précision, les écrans solaires suivent la courbure de la façade.

5 – Une panoplie d'écrans solaires.

6 – Auvents rétractables verticaux et inclinés dans l'aile de l'extension.

7 – Les auvents rétractables inclinés, vus ici selon une autre perspective.

8 – Écrans verticaux sur une terrasse.

CENTRE PAUL-KLEE

Lieu :
Berne, Suisse
Programme : musée
Maître d'ouvrage :
Fondation Maurice E. et
Martha Müller
Architectes : Renzo
Piano Building Work-
shop, Paris, France,
et ARB Arbeitsgruppe,
Berne

Planification du bâti-
ment : Ove Arup & Par-
tners ; B+S Ingenieure
Société installant la
protection solaire :
Storama, Burgistein,
Suisse
Type de membrane :
base en toile polyester
avec revêtement vinyle
Surface de membrane :
2700 m²
Livraison : 2006

La collection d'art du centre Paul-Klee, avec ses 4000 œuvres, est la plus grande au monde de ce type, comprenant des peintures, des aquarelles et des dessins provenant de toutes les périodes créatives de l'artiste. Outre l'exposition des œuvres, le rôle clé du centre est de donner une analyse académique des travaux artistiques, pédagogiques et théoriques de Paul Klee, et de présenter ceux-ci de manière compréhensible aux visiteurs.

Dès l'origine du projet du nouveau centre Paul-Klee, le célèbre architecte Renzo Piano était convaincu que l'artiste possédait une trop grande profondeur pour être enfermé dans un bâtiment « ordinaire ». Piano appelait l'artiste le « poète du silence » et a souhaité créer un musée suggérant un sentiment de sérénité.

Lorsqu'il a vu le site pour la première fois, Renzo Piano a été inspiré par l'environnement. Il a identifié les collines ondulantes et l'autoroute – une chronologie de la civilisation – comme les caractéristiques spécifiques du lieu, auquel elles confèrent son identité. En se fondant sur les règles qui régissent la composition des peintures traditionnelles, l'architecte a esquissé les trois collines comme une expression du terrain environnant et la nouvelle structure est devenue une sculpture paysagère. La « colline » du milieu est dédiée à la collection de peintures de l'artiste bernois. Une salle polyvalente, pouvant accueillir des concerts et des évènements, ainsi qu'un musée pour enfants occupent la « colline » nord, tandis que la « colline » sud abrite un centre de recherche (1).

Bien que la ligne spectaculaire du toit soit clairement perceptible depuis l'autoroute pendant environ dix secondes, depuis le parc il n'est pas possible de discerner immédiatement si les trois mystérieuses formes ondulantes sont naturelles ou artificielles. Toutefois, lorsque l'on se trouve au pied de la façade principale, leurs dimensions impressionnantes se révèlent : les « collines » s'élèvent jusqu'à 19 m de hauteur (6) et la façade de verre s'étend sur 150 m de longueur, parallèlement à l'autoroute.

Dans la mesure où la majorité des œuvres exposées au centre Paul-Klee sont sensibles à la lumière et ne peuvent être soumises à un éclairage supérieur à 80 lux, le contrôle précis des rayons lumineux atteignant les peintures au moyen d'une protection solaire revêtait une très grande importance. En effet, par une journée ensoleillée de juillet, et sans protection solaire supplémentaire, environ 100000 lux pénètrent dans le bâtiment, tandis que par une journée nuageuse du mois de mars, l'intensité lumineuse reste de 10000 lux. Néanmoins, le concepteur a souhaité créer une ambiance particulière en termes de luminosité et de transparence.

Afin d'empêcher les rayons du soleil d'entrer directement, la façade ouest (3) est munie de grands stores à projection motorisés, développés spécifiquement pour ce projet (2). Des stores textiles verticaux, maintenus par des câbles tendus entre des consoles en aluminium moulé complètent la protection solaire (7). Les consoles ont été dessinées par l'architecte et mises en œuvre par l'entreprise d'installation de protection solaire, ce qui montre bien l'attention au détail portée à l'ensemble du projet. Un autre défi réside dans la taille même des écrans verticaux, pouvant atteindre jusqu'à 9 m de hauteur. Du fait de l'exposition de la façade, des tests en soufflerie ont été effectués. Le système de protection solaire a été ainsi éprouvé à des vitesses de vent allant jusqu'à 180 km/h, bien au-delà des pires conditions possibles.

La recherche d'un tissu approprié s'est concrétisée lorsque le fabricant de protection solaire a présenté un textile de polyester avec revêtement vinyle ayant les caractéristiques de performance requises. La toile réduit la transmission de la lumière au niveau demandé, tout en restant assez transparente pour que les visiteurs aient une vue nette sur l'extérieur. Fabriquée selon la technologie Précontraint, la toile présente une excellente stabilité dimensionnelle, qui la rend adaptée à un usage dans de grands formats (4). De plus, ce matériau a un poids unitaire et une épaisseur réduits, ce qui permet aux agencements et accessoires de rester minces et discrets (5). Ces caractéristiques, ainsi qu'une large gamme de couleurs, correspondaient parfaitement aux exigences de l'architecte. **rp, ws et jv**

1 – Sculpture paysagère par Renzo Piano.

2 – Détail des auvents rétractables motorisés.

3 – La structure de protection solaire complexe comporte des stores verticaux et des auvents rétractables en forme de voiles.

4 – Les stores de grande taille et asymétriques nécessitent une très bonne stabilité dimensionnelle.

5 – Le textile exceptionnellement mince et léger permet l'utilisation de dispositifs compacts.

6 – L'impressionnante façade de 19 m de hauteur.

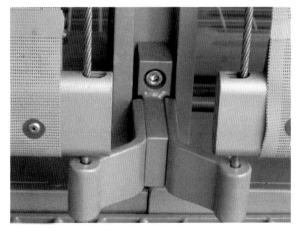

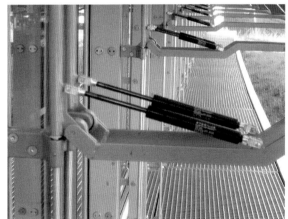

7 – Les coulisseaux des câbles des protections solaires sont tendus
sur les consoles spécialement conçues pour ce projet.

LES TEXTILES INTÉRIEURS

PISCINE DE CHANTEREYNE

Lieu : Cherbourg-Octeville, France
Programme : piscine couverte
Maître d'ouvrage : ville de Cherbourg-Octeville
Architectes : Thierry Nabères Architectes (TNA), Paris, avec Bésuelle et Salley, Cherbourg, France
Entreprise conception, fabrication et installation : ACS Production, Montoir de Bretagne, France

Type de membrane : toile polyester à maille ouverte avec revêtement en vinyle formulé et couche de finition en laque acrylique
Surface de membrane : 1400 m²
Livraison : 2007

Occupant un emplacement important dans Cherbourg, entre le port et le centre-ville, la piscine-complexe omnisport Chantereyne est typique de l'architecture des années 1960. La rénovation du bâtiment en béton armé d'origine a commencé en 2004. Le projet reproduit les proportions du bâtiment d'origine tout en en faisant une interprétation contemporaine. Cette étude de cas envisage l'utilisation de textiles intérieurs pour le plafond (1).

La structure d'origine en béton armé (2) était en bon état et a donc été conservée et entièrement rénovée.

Le choix d'un textile technique pour le plafond intérieur est en harmonie avec les textures propres et modernes sélectionnées pour d'autres surfaces du bâtiment. Le textile choisi est une toile polyester à maille ouverte, avec un revêtement en vinyle formulé et une couche de finition en laque acrylique. Ses propriétés de stabilité dimensionnelle dans un environnement humide et chargé en ions chlorure, ainsi que la structure ouverte permettant la circulation de l'air en font le matériau idéal pour cette application, vu l'environnement potentiellement corrosif généralement présent dans les piscines couvertes.

La disposition en alternance suivant deux plans des panneaux de membrane, ainsi que les qualités d'absorption acoustique inhérentes au matériau, contribuent de manière significative à la réduction de l'écho dans la salle de la piscine.

La rénovation de cette structure en béton armé a permis de transformer une ossature très représentative des années 1960 en un centre aquatique local moderne, clair et accueillant (3). La politique de développement durable a été appliquée à tous les niveaux, notamment dans le choix du textile technique pour le nouveau plafond ; le textile choisi est recyclable à 100%. **rp**

1 – Le plafond en textile technique.

2 – Structure en béton d'origine.

3 – « Rajeunissement » structurel.

CENTRE D'ARTS MARTIAUX ET CLUB D'ÉCHECS DE GONFREVILLE

Lieu : Gonfreville-l'Orcher, France
Programme : salle de sport et de rencontre
Maître d'ouvrage : ville de Gonfreville-l'Orcher
Architectes : Thierry Nabères Architectes (TNA), Paris, France
Ingénieurs membrane : Interlignes Déco, La Chevrolière, France

Type de membrane : toile polyester en maille ouverte avec revêtement en vinyle formulé et couche de finition en laque acrylique
Surface de membrane : 330 m²
Livraison : 2007

La construction d'un nouveau centre dédié aux arts martiaux et aux échecs a été l'occasion d'une utilisation inventive de textiles intérieurs. Le calme, la discipline et la concentration requis pour la pratique de ces deux activités sont favorisés par l'intimité paisible que les écrans textiles suspendus confèrent au lieu (1).

Le centre est conçu comme un nouvel « îlot urbain » dédié au sport et à la relaxation, avec des rues, des places et des espaces de différentes tailles, délimités par des baies vitrées ou des murs de végétation, définissant un paysage intérieur protégé : le quartier du futur.

Il a été décidé de réunir dans le même bâtiment deux sports ayant des points communs essentiels : la discipline, le travail intérieur, la concentration, l'anticipation et le respect de l'adversaire ; ainsi les échecs et les arts martiaux se rencontrent dans un lieu unique.

Les textiles intérieurs suspendus absorbent les sons, tout en apportant des jeux de lumière et d'ombre, le jour, et en mettant en valeur l'éclairage artificiel, la nuit.

Le textile choisi pour cette fonction est une toile polyester à maille ouverte avec un revêtement en vinyle formulé et une couche de finition en laque acrylique. Comparé avec des solutions de traitement de plafond classique, ce textile était une solution économiquement viable, et la transparence associée à la diffusion de la lumière qui en découle en fit l'option idéale (2). De plus les textiles suspendus ont été installés sans difficulté en deux semaines.

Une atmosphère chaleureuse et stimulante est conférée à cet espace par la qualité de la lumière et l'attention apportée aux couleurs et aux matériaux (3 et 5). rp

1 – Une impression d'intimité paisible se dégage du vaste volume.

2 – Les panneaux textiles ont été faciles à installer.

3 – Ombre et lumière.

4 – Diffusion naturelle et artificielle de la lumière.

5 – Lumière naturelle et éclairage.

CENTRE NAUTIQUE DU KREMLIN-BICÊTRE

Lieu : Le Kremlin-Bicêtre, Paris, France
Programme : centre aquatique
Maître d'ouvrage : Communauté de communes du Val de Bièvre
Architectes : Thierry Nabères Architectes (TNA), Paris
Ingénieurs membrane : Interlignes Déco, La Chevrolière, France

Type de membrane : toile de fibre de polyester en maille ouverte avec revêtement en vinyle formulé et couche de finition en laque acrylique
Surface de membrane : 2200 m²
Livraison : 2008

Les textiles tendus ont pris une importance particulière dans ce projet. Ils sont utilisés de deux manières différentes : dans le gymnase, où de larges bandes de textile en tension sont placées horizontalement, et au-dessus de la piscine, où des écrans verticaux en textile tendu sont suspendus sous les verrières pour structurer la lumière zénithale. Ces auvents verticaux capturent les rayons du soleil et, grâce à leur surface perforée à 50%, les diffusent des deux côtés. Cette disposition permet d'obtenir un très bon niveau d'éclairage naturel (1).

Le bâtiment du centre aquatique du Kremlin-Bicêtre a été construit dans les années 1960 par les architectes Henri-Pierre Maillard et Paul Ducamp, et inauguré en 1969. L'intention initiale était de créer une cathédrale de béton armé, enterrée entre les tours d'habitation urbaines. Seul le toit à double pente de la piscine émerge du sol. Suite à des inquiétudes pour la santé publique, la piscine a été fermée en 1999 et des études pour sa rénovation ont été entamées.

Pour des raisons de développement durable, il a été décidé de réhabiliter la structure existante en lui donnant un nouvel habillage et en exploitant des ressources renouvelables autant que possible. La préférence a été donnée à des matériaux et à des systèmes visant à réduire la pollution. Par exemple, l'eau de la piscine est chauffée par géothermie, et la purification est essentiellement basée sur la stérilisation à l'ozone, plutôt que sur l'utilisation de chlore.

Le recours à des textiles techniques renforce cette initiative à la fois en améliorant la luminosité ambiante et en étant recyclable à 100%. Le textile choisi pour cette utilisation est une toile de fibre de polyester en maille ouverte, avec revêtement en vinyle formulé et couche de finition en laque acrylique.

Les écrans textiles sont suspendus sur des rails d'ancrage métalliques et mis en tension par des tiges de lestage enfilées dans l'ourlet situé en bas de chaque écran. L'installation a donc été relativement simple (2).

Concernant les propriétés acoustiques, une attention particulière a été portée à la sélection de matériaux absorbant les échos habituellement rencontrés dans ce type de lieu. Les écrans textiles ont joué un rôle important en ce qui concerne cet aspect.

Le choix approprié de matériaux et de couleurs a été essentiel pour l'éclairage et l'acoustique des grands volumes. Tous ont été des opportunités de révéler les qualités architecturales du bâtiment.

Un des objectifs majeurs en architecture est d'obtenir le niveau d'éclairage désiré. L'utilisation imaginative de textiles techniques dans cette rénovation a, par des moyens relativement simples, mis en valeur l'éclairage naturel intérieur et amélioré les qualités acoustiques du centre. Dans la zone de la piscine, la diffusion de la lumière est accrue par la réflexion sur la surface de l'eau et sur les murs de la salle. Une atmosphère stimulante et chaleureuse est conférée à cet espace par la qualité de la lumière et une attention particulière a été portée aux couleurs et aux matières (4). **rp**

1 – Amélioration de la lumière naturelle grâce aux toiles tendues.

2 – Éclairage de la piscine rénovée.

3 – Protection solaire et diffusion de lumière.

4 – Nager dans la lumière.

SIÈGE SOCIAL DU GROUPE VHV

Lieu : Hanovre, Allemagne

Programme : trois bâtiments de plusieurs étages, reliés entre eux par un atrium

Maître d'ouvrage : Hannoversche Lebensversicherung AG

Architectes : Architekten BKSP – Grabau Leiber Obermann und Partner, Hanovre

Entreprise générale : Investa Projekt-entwicklungs- und Verwaltungs GmbH, Munich, Allemagne

Conception et installation de la membrane : Ellermann, Rietberg, Allemagne

Type de membrane : substrat en fibre de verre avec revêtement vinyle

Surface de membrane : ascenseurs, 650 m² ; cage d'escalier, environ 300 m²

Livraison : 2009

En raison d'une forte croissance, le siège social du groupe d'assurance VHV à Hanovre était divisé en trois lieux dans la ville. Le nouveau siège social avait pour but, en termes d'organisation et de communication, de regrouper et d'améliorer les méthodes de travail des quelques 2 000 employés, tout en créant un concept énergétique ultramoderne.

Le nouvel ensemble se compose de trois bâtiments reliés mais indépendants, connectés entre eux par un superbe atrium. Celui-ci symbolise l'ouverture et la transparence du bâtiment ; il en est l'accès central et le lieu d'intersection (1).

Le point de mire architectural au cœur de l'atrium est l'impressionnante tour jumelle abritant les ascenseurs qui permettent l'accès aux six ou sept étages des bâtiments reliés entre eux. Ces deux tours d'ascenseur ont pour rôle de contribuer à « l'étaiement » de l'atrium en termes de proportions et de créer un point fort, de nuit, grâce à une installation lumineuse spécifique (2).

Pendant la phase d'appel d'offres, une entreprise spécialisée en architecture et conception textile a remporté un grand nombre de points grâce à son planning détaillé et à sa proposition d'utiliser un textile de pointe qui répondait à l'ensemble des exigences des architectes. Outre un niveau élevé de transparence et des propriétés certifiées d'atténuation du bruit, permettant de réduire au minimum l'écho dans le volumineux atrium, la membrane spéciale en fibre de verre assurait également un niveau de protection incendie supérieur à celui demandé. En effet, sa classification A2 (non inflammable) en conformité avec la norme DIN 4102, garantissait un excellent niveau de sécurité supérieur pour ce bâtiment à haute fréquentation (6).

Les deux tubes de membrane ont été conçus avec un anneau de support en acier, situé au sommet, inclus dans la construction initiale de l'ascenseur, et auquel est suspendue une série d'anneaux d'aluminium (5). Ceux-ci sont montés directement sur des câbles et immobilisés à la base par un anneau de support qui permet d'ajuster globalement la taille du tube en fonction de celle de la structure. Ce dispositif était indispensable afin de compenser les mouvements générés par l'expansion thermique ou résultant de l'affaissement du bâtiment et des forces créées par les mouvements de l'ascenseur.

Afin de garantir que la surface des éléments des tubes textiles reste parfaitement lisse, tout en tenant compte de la flexion et des tolérances du puits, le concepteur de la membrane a créé un détail de fixation spécifique. Le profil en aluminium Keder est muni de douilles pour les bandes élastiques spéciales Keder, qui sont fixées sur la membrane textile. L'élasticité permet le relâchement des tensions résiduelles qui, sinon, seraient transférées à la membrane ; les caractéristiques physiques du textile en fibre de verre le rendent relativement rigide et par conséquent incapable d'absorber les élongations.

La cage d'escalier de l'atrium constitue un second point de mire ; celle-ci est partiellement voilée par une structure de membrane similaire, conçue pour être assortie aux tours d'ascenseur (3). La légèreté de la membrane a permis de maximiser la largeur des escaliers destinés à la circulation piétonne ; l'écran en membrane est fixé sur des profilés métalliques qui s'enroulent autour de colonnes de soutien de 330 mm de diamètre, n'occupant que 600 mm de la largeur disponible. Le découpage précis au laser des profilés métalliques a permis de respecter les faibles tolérances de construction (4). **rp et ws**

1 – L'atrium transparent relie les trois bâtiments indépendants.

2 – Les tours d'ascenseur éclairées créent un point de mire dans l'atrium.

3 – Le bardage assorti de la cage d'escalier.

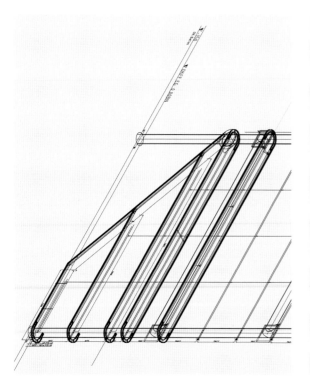

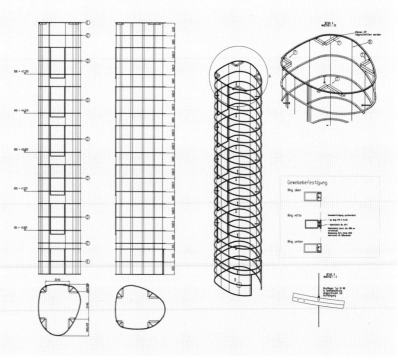

4 – Les profilés de fixation, découpés au laser, du bardage de la cage d'escalier.

5 – La structure de base de la membrane de la tour d'ascenseur.

6 – La membrane, fixée aux anneaux d'aluminium, est non inflammable et réduit l'écho.

BIBLIOGRAPHIE

Architen-Landrell. "The materials of tensile architecture". http://www.architen.com.

Barnes, M.R. "Applications of dynamic relaxation to the design and analysis of cable, membrane and pneumatic structures". Dans : *Proceedings of the 2nd International Conference on Space Structures*. New York : Guildford, 1975.

Bletzinger, K.U. ; Ramm, E. "A general finite element approach to the form finding of tensile structures by the updated reference strategy". *International Journal of Space Structures*, vol. 14, 1999, p. 131–246.

Blum, R. "Acoustics and heat transfer in textile architecture". Conférence présentée chez Techtextil. Francfort, 2003.

Braddock Clarke, S.E. ; O'Mahony, M. *Techno textiles 2 : Revolutionary fabrics for fashion and design*. Londres : Thames and Hudson, 2008.

Breuer, J. ; Ockels, W. ; Luchsinger, R.H. "An inflatable wing using the principle of Tensairity". Dans : *Proceedings of the 48th AIAA/ASME/ASCE/AHS/ASC Structures, Structural Dynamics and Materials Conference*. Hawaii, 2007.

Cox, M.D.G.M. ; Gijsbers, R. ; Haas, T.C.A. "Applied design of an energy-efficient multi-layered membrane roofing system for climate-control of semi-permanent shelters". Dans : Kenny, P. et al. (éd.). *Proceedings of the 25th PLEA International Conference on Passive and Low Energy Architecture, 22nd–24th October 2008*. University College Dublin, 2008.

Doriez, B. (éd.). *Architecture textile*. Paris : Éditions A Tempera, 1990.

Drew, P. *Structures tendues, une architecture nouvelle*. Paris : Éditions Actes Sud, 2008.

Forster, B. ; Mollaert, M. *European design guide for tensile surface structures*. Bruxelles : Tensinet, 2004.

Galliot, C. ; Luchsinger, R.H. "A simple model describing the non-linear

biaxial tensile behavior of PVC-coated polyester fabrics for use in finite element analysis". *Composite Structures* 90 (4), 2009, p. 438–447.

Haas, T.C.A. de. *Boogstal voor de varkenshouderij*. Graduation report, Eindhoven University of Technology. Eindhoven, 2008.

Haber, R.B. ; Abel, J. F. "Initial equilibrium solution methods for cable reinforced membranes – Part I and II". *Computer Methods in Applied Mechanics and Engineering* 30, 1982, p. 263–89 et p. 285–306.

Haug, E. ; Powell, G.H. "Finite element analysis of nonlinear membrane structures". Dans : *IASS Pacific Symposium on Tension Structures and Space Frames*. Tokyo et Kyoto, 1972, p. 124–135.

Herzog, T. ; Minke, G. ; Eggers, H. *Pneumatische Konstruktionen*. Stuttgart : Hatje Cantz Verlag, 1976.

Humphries, M. *Fabric reference*. 4ième édition. Saddle River, NJ : Pearson Education Incorporated, 2009.

International Association for Shell and Spatial Structures (éd.). *Recommendations for air-supported structures*. IASS Working group on pneumatic structures. Madrid, 1985.

Ishii, K. *Membrane designs and structures in the world*. Tokyo : Shinkenchiku-sha, 1995.

Knoll, W.H. ; Wagenaar, E. J. ; van Weele, A.M. *Handboek installatietechniek*. Rotterdam : Stichting ISSO, 2002.

De Laet, L. ; Luchsinger, R.H. ; Crettol, R. ; Mollaert. M. ; De Temmermann, N. "Deployable tensairity structures". *Journal of the International Association for Shell and Spatial Structures* 50(2), 2009, p. 121–128.

Linkwitz, K. ; Schek, H.-J. "Einige Bemerkungen zur Berechnung von vorgespannten Seilnetzkonstruktionen". *Ingenieur-Archiv* 40, 1971, p. 145-158.

Luchsinger, R.H. ; Pedretti, A. ; Steingruber, P. ; Pedretti, M. "Lightweight structures with Tensairity". Dans :

Motro, R. (éd.), *Shell and Spatial Structures from Models to Realizations*. Montpellier : Éditions de l'Espérou, 2004.

Luchsinger, R.H. ; Pedretti, A. ; Steingruber, P. ; Pedretti, M. "The new structural concept Tensairity : Basic principles". Dans : Zingoni, A. (éd.), *Progress in Structural Engineering, Mechanics and Computations*. Londres : Balkema, 2004.

Luchsinger, R.H. ; Crettol, R. "Experimental and numerical study of spindle shaped Tensairity girders". *International Journal of Space Structures* 21 (3), 2006, p. 119–130.

Luchsinger, R.H. ; Crettol, R. ; Plagianakos, T.S. "Temporary structures with Tensairity". *International Symposium IASS-SLTE 2008, 3rd Latin American Symposium on Tensile Structures*. Acapulco, 2008.

Lyonnet, C. "Les structures textiles tendues. Analyse de l'existant et identification des problèmes posés". *Cahiers du CSTB* 336, issue 2633 (January/February 1993).

Meffert, B. "Mechanische Eigenschaften PVC-beschichteter Polyestergewebe". Thèse de doctorat, RWTH Aachen. Aix-la-Chapelle, 1978.

Membrane Structures Association of Japan (éd.), *Testing method for elastic constants of membrane materials*. MSAJ/M-02, 1995.

Motro, R. ; Maurin, B. *Membranes textiles architecturales. Comportement mécanique des systèmes tissés*. Londres : Hermès Science Publishing/Cachan : Lavoisier, 2006, p. 17–70.

Otto, F. ; Trostel, R. *Zugbeanspruchte Konstruktionen*. Francfort : Ullstein Fachverlag, 1962.

Otto, F. ; Trostel, R. *Tensile structures*. Vol. 2. Cambridge, MA : MIT Press, 1967.

Otto, F. *Tensile structures*. Vols. 1 et 2. Cambridge, MA : MIT Press, 1973.

Pedretti, M. ; Luscher, R. "Tensairity-Patent – Eine pneumatische Tenso-Struktur". *Stahlbau* 76 (5), 2007, p. 314–319.

Pedretti, A. ; Steingruber, P. ; Pedretti, M. ; Luchsinger, R.H. "The new structural concept Tensairity : FE-modeling and applications". Zingoni, A. (éd.), *Progress in Structural Engineering, Mechanics and Computations*. Londres : Balkema, 2004.

Plagianakos, T.S. ; Teutsch, U. ; Crettol, R. ; Luchsinger, R.H. "Static response of a spindle-shaped Tensairity column to axial compression". *Engineering Structures* 31, 2009, p. 1822–1831.

Pronk, A.D.C. ; Haas, T.C.A. de ; Cox, M.G.D.M. "Heat-adapting membrane". Dans : *Proceedings of the Structural Membranes Conference*. Barcelone, 2007.

Quinn, B. *Textile Futures : Fashion, Design and Technology*. New York : Berg Publishing, 2010.

Ritter, A. *Smart materials in architecture, interior architecture and design*. Bâle, Berlin, Boston : Birkhäuser Verlag, 2007.

Rowe, T. (éd.). *Interior Textiles – Design and Developments*. Oxford : Woodhead Publishing, 2009.

Santomauro, R. *Tensoestructuras*. Montevideo : Mastergraf, 2008.

Schock, H.-J. *Soft shells. Design and technology of tensile architecture*. Bâle, Berlin, Boston : Birkhäuser Verlag, 1997, p. 102–105.

Teutsch, U. *Tragverhalten von Tensairity-Trägern*. vdf Hochschulverlag Zurich, 2011.

Topham, S. *Blow up : inflatable art, architecture and design*. Munich : Prestel Verlag, 2002.

Wakefield, W. ; Bown, A. "Marsyas, a large fabric scultpure : construction engineering and installation". Dans : Onate, E. ; Köplin, B. (éd.), *Proceedings of Textile Composite Deflatable Structures Conference*. Barcelone : CIMNE, 2003.

Remerciements

Après de nombreuses années de coopération fructueuse entre le groupe Serge Ferrari et l'équipe de recherche « Conception en structures » (Laboratoire de mécanique et de génie civil, Université Montpellier 2), Françoise Fournier, responsable de l'architecture textile au sein du groupe, m'a proposé d'adopter le rôle de rédacteur en chef pour un livre consacré aux « Matériaux composites souples en architecture, construction et intérieur ». Comme je ne savais pas qu'il s'agissait d'une tâche impossible, j'ai accepté le défi ! J'ai donc le plaisir personnel de remercier chaleureusement Françoise Fournier pour sa proposition ; elle n'apparaît jamais au premier plan, mais sans son action discrète, rien n'aurait été possible. C'est la raison pour laquelle je tiens énormément à lui accorder symboliquement la première place dans ces remerciements. En tant que chercheur, j'ai toujours bénéficié du soutien de Sébastien Ferrari et de Romain Ferrari. Puissent-ils trouver dans ces mots l'expression de ma gratitude !

Il est évident qu'une proche collaboration avec les rédacteurs est d'une importance fondamentale. Je veux exprimer mes remerciements les plus sincères aux rédacteurs qui ont rassemblé leur expérience, leur patience, leur attention à chaque détail, afin de réaliser et de produire ce livre. Après mes premières réunions avec Andreas Müller, j'ai travaillé principalement avec Henriette Mueller-Stahl, aidée par Michael Wachholz pendant quelques mois. Avec eux, j'ai beaucoup appris sur ce travail exigeant. L'aide de Richard Palmer, qui a participé très activement à la troisième partie du livre, m'a également beaucoup apporté.

Au cours de ce travail j'ai eu la chance de rencontrer des personnes qui ont contribué à tisser les liens menant aux contacts appropriés, permettant de répondre à un besoin. Je souhaite qu'ils sachent que je leur en suis reconnaissant. Parmi eux, et en essayant de n'oublier personne, je veux citer John Chilton, Manfred Grohmann, Harald Kloft, Kazuo Ishii, Nicolas Pauli, Ronald Shaeffer, Ali Smaili, Jean Vasseur, Bell Warwick et Qiling Zhang.

Cette publication n'aurait pas été possible sans la coopération de tous les auteurs et de tous les architectes et ingénieurs dont les projets sont présentés, ainsi que des nombreux photographes qui ont illustré les études de cas. J'espère que personne, parmi ceux ayant apporté leur contribution active, n'a été oublié dans les textes. Parmi eux, j'ai travaillé en collaboration plus étroite avec Thomas Becksmann, Stefano Bertino, Christian Blaser, Bernard Doriez, Nicolas Goldsmith, Rolf H. Luchsinger, Andrea Giovanni Mainini, Bernard Maurin, Thierry Nabères, Tiziana Poli, Arno Pronk, Walter D. Runza, Osama Thawadi, Ivo Vrouwe et Liliane Wong.

Enfin, et ils ne sont pas les moins importants, je tiens à remercier tous ceux qui partagent ma vie, que ça soit sur le plan professionnel ou privé. Ils se reconnaîtront.

Stefano Bertino, né en 1957 à Bergame (Italie), a étudié l'architecture à l'École polytechnique de Milan (1983). Depuis l'obtention de son diplôme, fasciné par le domaine des structures légères, il passe rapidement à l'exploration de toutes sortes de sujets, avec une constante transversalité entre les compétences, les idées, les outils et les techniques. Il est le créateur de l'entreprise italienne Tensoforma. Pendant plusieurs années, il collabore avec l'agence AIC Architekten+Ingenieure de Stuttgart et enseigne à l'Institut européen du design (Instituto Europeo di Design) de Milan. Son travail est centré sur les structures légères, l'architecture textile et les applications architecturales des textiles techniques. Il a également fait breveter plusieurs produits et procédés.

Mark Cox, né en 1968 à Roermond (Pays-Bas), a étudié la physique à l'université de technologie d'Eindhoven (1995). Il a exercé comme consultant en physique et en équipements techniques du bâtiment ainsi que dans le développement de produits pour l'industrie. Depuis 2005, il travaille comme chercheur dans le département d'architecture, de bâtiment et d'urbanisme de l'université de technologie d'Eindhoven. Pour la majeure partie de la recherche à laquelle il se consacre actuellement, il collabore avec Roel Gijsbers, qui effectue sa thèse de doctorat (PhD) sur les structures souples, et Tim de Haas. Leur recherche se concentre sur le développement de nouveaux produits ou concepts ayant trait à l'énergie, au confort et à la souplesse pour différentes entreprises qui sollicitent les connaissances et l'expérience universitaire.

Bernard Doriez, né en 1952 à Arras (France), a créé l'entreprise SNBBS, située à Sète, en 1982. Il est vice-président de la Commission sur l'architecture textile, au sein de l'association française Relais des textiles techniques, pendant cinq ans (1990–1995). Il est l'auteur du livre *Architecture textile* (Éditions Tempera) et l'organisateur des Rencontres de l'architecture textile (Nîmes, France, 1990). Aujourd'hui, il est conseiller et expert technique auprès de Relais des textiles techniques (France, Allemagne et Espagne) et de Serge Ferrari.

Romain Ferrari est né à Lyon en 1960. Après avoir obtenu un baccalauréat C, il a préparé le concours d'entrée à l'École d'hydrographie de la Marine marchande qu'il a intégré en 1980. Il en sort trois ans plus tard diplômé du brevet d'officier polyvalent Pont et Machine C1NM (capitaine de 1re classe de la navigation maritime). Mobilisé en tant qu'officier de réserve de la Marine nationale, il a effectué, entre 1984 et 1985, une mission au Liban sur le porte-avion Clémenceau. Il a exercé ensuite pendant cinq ans le métier d'ingénieur d'affaires au sein de SEM et TECHNIP avant de s'installer à son compte. Directeur général de l'entreprise Ferrari Textiles (devenue Serge Ferrari) depuis 1991, Romain Ferrari est aussi membre de l'association Terre démocrate, pour laquelle il anime l'atelier « Produire pour la planète ». Cette association est engagée dans la promotion des actions qui concrétisent les valeurs de l'écologie, de la démocratie, de la justice et de l'humanisme dans la vie économique. Romain Ferrari a également créé une fondation de recherche sur l'économie de l'environnement et la monétarisation des impacts.

Roel Gijsbers, né en 1981 à Boekel (Pays-Bas), travaille comme chercheur en techniques du bâtiment et en développement de produits au sein du département de l'environnement construit à l'université de technologie d'Eindhoven. Il a développé le Boogstal (système cintré pour hangar souple) et a participé au développement d'un certain nombre de projets qui en dérivaient. Il a soutenu sa thèse sur le thème de la souplesse d'utilisation et de l'adaptabilité des bâtiments, avec un accent particulier sur l'adaptabilité structurale. Il est également impliqué dans des activités de recherche sur les solutions d'habitat d'urgence après des catastrophes naturelles.

Ines de Giuli, née en 1981, est historienne et historienne de l'art. Après s'être spécialisée en histoire culturelle contemporaine, elle s'est intéressée aux relations artistiques entre l'École de Paris d'après-guerre et le Japon, où elle a séjourné. Elle a réalisé un livre d'histoire locale (pour la ville de Vaucresson) et rédigé une partie des textes de présentation des œuvres de la collection d'art de la Société Générale. Elle est aujourd'hui active dans la valorisation du patrimoine industriel (par le biais d'articles et d'ouvrages, mais aussi le montage d'expositions). Elle a intégré l'équipe d'Histoire d'entreprises en 2010 (www.histoire-entreprises.fr).

Tim de Haas, né en 1980 à Geleen (Pays-Bas), a étudié les techniques du bâtiment à Haarlem et le développement de produits architecturaux à l'université de technologie d'Eindhoven (2008). Son diplôme portait sur un module en toile tendue de récupération de la chaleur faisant partie d'une toiture translucide en textile. Depuis 2007, il travaille comme chercheur au sein du département d'architecture, de bâtiment et d'urbanisme de l'université de technologie d'Eindhoven, dans des domaines aussi variés que la physique du bâtiment, les techniques du bâtiment, l'ingénierie des structures, le développement de produits et l'habitat d'urgence, particulièrement le développement de nouveaux produits et concepts liés à l'énergie, au confort et à la souplesse pour des PME et des ONG.

Rolf H. Luchsinger est né en 1966 à Aarau (Suisse). Il a un doctorat en physique computationnelle. Après plusieurs années de recherche scientifique dans le milieu universitaire et l'industrie, il a rejoint l'entreprise suisse Prospective Concepts AG en 2002, où il a participé à l'élaboration de structures en textile et de structures gonflables. Depuis 2006, il dirige le Centre pour les structures synergétiques (Center for Synergetic Structures) d'Empa, laboratoire fédéral suisse en science et technologies des matériaux, qui s'intéresse particulièrement aux structures légères, notamment à la technologie Tensairity. Il est l'auteur de nombreuses publications scientifiques.

Andrea Giovanni Mainini, né en 1980 à Gallarate (Italie), est titulaire d'un doctorat en ingénierie du bâtiment à l'École polytechnique de Milan. Il est actuellement titulaire d'une bourse postdoctorale en techniques et simulations de l'énergie du bâtiment. membre du groupe TiSco du département B.E.S.T. de science et technologies de l'environnement et des constructions à l'École polytechnique de Milan. Ses recherches s'intéressent à l'efficacité énergétique des bâtiments, aux maisons passives et à l'utilisation des ressources renouvelables, à l'innovation dans le domaine des produits d'enveloppe du bâtiment et à l'optimisation des ponts thermiques, ainsi qu'à la caractérisation optique et solaire des peaux de bâtiment. Il est également consultant en énergie pour les industries de produits du bâtiment et enseignant dans de nombreuses formations professionnelles (principalement sur la certification énergétique). Il est l'auteur de publications nationales et internationales.

Bernard Maurin est professeur à l'université Montpellier 2. Il dirige l'équipe « Design conceptuel des structures » du Laboratoire de mécanique et génie civil. Ses recherches s'intéressent à la forme et à la conception de structures innovantes : structures légères (membranes tendues et voiles de béton minces), systèmes de tenségrité (formes irrégulières, grilles et anneaux), structures hybrides légères et dépliables (applications spatiales), architecture des formes libres (paramétrique, formes pascaliennes « pForms »), morphologie structurale (structuration, apparition, auto-organisation).

Anaïs Missakian, née à Genève (Suisse), est professeur dans le département textile de l'école de design de Rhode Island, qu'elle dirige également. En tant que consultante pour l'industrie textile, elle a passé les 25 dernières années à concevoir des collections textiles pour le marché intérieur américain. Elle a obtenu une licence d'art du textile (Bachelor of Fine Art) à la RISD, après avoir fréquenté l'université d'État du Michigan et Central Saint Martins (Royaume-Uni).

René Motro, né en 1946 à Paris, a consacré ses travaux scientifiques aux structures légères : structures spatiales, systèmes de tenségrité, morphologie structurale et architecture textile. Il a publié dans plusieurs revues internationales, a donné plus de 150 conférences, a écrit et/ou participé à l'édition de 5 livres et à de nombreux ouvrages collectifs. Professeur émérite à l'université de Montpellier, il est rédacteur en chef du Journal international des structures spatiales *(International Journal of Space Structures)* et président de l'Association internationale pour les coques et les structures spatiales (IASS). Il a reçu le Tsuboi Award à trois reprises (1998, 2007 et 2009), et le Pioneer Award (2002).

Khipra Nichols, né en Pennsylvanie (États-Unis), est professeur associé et directeur du programme de master en design industriel de l'école de design de Rhode Island. Il a obtenu une licence en design industriel à la RISD et, avant de rejoindre le corps enseignant à plein temps en 1998, il a été directeur du design au sein du département Playskool bébé de Hasbro. Au cours de sa carrière chez Hasbro, il a obtenu 16 brevets américains dans le domaine de la conception de produits pour enfants et de jouets, et plus de 250 de ses conceptions ont été commercialisées.

Richard Palmer est né à Reading (Royaume-Uni) en 1955. Il a étudié le génie civil à l'université de Manchester et est devenu ingénieur agréé, exerçant au Royaume-Uni et dans le monde entier. Aujourd'hui, il est spécialisé dans la performance et la préservation des bâtiments et des ouvrages de génie civil, et travaille depuis son domicile dans le sud-est de la France, près du lac Léman. Sa passion pour la technologie et l'écrit l'a poussé vers l'écriture et l'édition de publications techniques.

Tiziana Poli, née en 1968 à Milan (Italie), est titulaire d'un doctorat en ingénierie du bâtiment. Professeur associé en architecture et techniques du bâtiment à l'École polytechnique de Milan depuis 2003, elle est membre du comité scientifique du laboratoire de science et technologies de l'environnement et des constructions (laboratoire BEST) à l'École polytechnique de Milan. Ses recherches s'intéressent aux performances et à la technologie des enveloppes de bâtiments à basse consommation d'énergie, à la caractérisation optique et solaire des peaux de bâtiment, à l'innovation des produits, composants et systèmes pour l'enveloppe des bâtiments, à la

réduction de l'effet d'îlot de chaleur urbain et aux impacts de l'enveloppe des bâtiments sur le microclimat urbain. Elle est consultante pour les industries du secteur du bâtiment et de l'ingénierie, et auteur de publications nationales et internationales.

Arno Pronk, né en 1967 à St. Anna Jacobapolder (Pays-Bas), a étudié l'architecture à l'université de technologie de Delft (1994). Depuis l'obtention de son diplôme, il a travaillé dans le développement de produits et comme architecte. Il a inventé plusieurs produits brevetés et a été professeur assistant à l'université de technologie de Delft. Actuellement, il est professeur assistant en développement de produits architecturaux à l'université de technologie d'Eindhoven, conférencier et coordonnateur de recherches en techniques du bâtiment à l'école d'architecture de Saint-Lucas/LUCA, Association KU Leuven, rédacteur en chef de *NBD Bouwdetails* et coprésident de la Société internationale de la formation de tissu (International Society of Fabric Forming, ISOFF). Ses recherches s'intéressent principalement aux techniques de moulage souple liées à l'architecture fluide.

Wolfgang Sterz est né en 1964 à Landshut (Allemagne). Il a obtenu un diplôme de directeur commercial dans le domaine de la production de médias à l'école technique de l'édition de Munich. Il s'est ensuite lancé dans une carrière de maquettiste et de directeur de production pour le magasine d'architecture *AIT*. Ces dernières années il s'est progressivement tourné vers la publicité et la communication. Depuis 1997, il est copropriétaire de l'agence de publicité et de relations publiques HTP Communication à Munich. Il exerce en tant que conseiller, directeur des relations publiques et auteur de documentation de projet ; il a une clientèle internationale et intervient principalement dans les domaines de la construction, de l'architecture et de l'architecture intérieure.

Jean Vasseur, né en 1964 en France, est un ancien journaliste de radio ayant exercé en France et aux États-Unis. Il a lancé sa première entreprise, Jean Vasseur Communication, en 1990. Depuis lors, il a créé plusieurs entreprises et constitué un groupe de

communication de taille moyenne qui offre une gamme complète de services comprenant la communication numérique et interactive. Récemment, il a fondé le premier magazine consacré à l'histoire des entreprises en France, *Histoire d'entreprises* (www.histoire-entreprises.fr).

Ivo Vrouwe, né en 1979 à Amsterdam, a étudié les techniques du bâtiment à Amsterdam et le développement de produits architecturaux à l'université de technologie d'Eindhoven (2008). Il est a travaillé dans la conception technique et l'ingénierie des structures de membrane chez Tentech à Utrecht et enseigne à l'université de technologie d'Eindhoven. En 2008, il a créé sa propre agence de concepteur et d'ingénieur en architecture, Workshop IV. Il est actuellement conférencier à l'école d'arts d'Utrecht et à l'école d'architecture de Saint-Lucas/LUCA, Association KU Leuven. Ses recherches et son travail se concentrent sur l'application artistique et architecturale des techniques et des tectoniques des textiles.

Liliane Wong, née à Hong Kong, a obtenu un master en architecture à l'école de design de l'université d'Harvard et une licence en mathématique de l'université de Vassar. Elle est professeur à l'école de design de Rhode Island où elle enseigne depuis 1998. Elle y dirige actuellement le département d'architecture intérieure. Elle est cofondatrice et coéditrice de la revue *Int|AR* sur les interventions et la conservation intégrée. Elle est architecte agréée par l'État du Massachusetts.

Jeroen Weijers, né en 1984 à Roermond (Pays-Bas), a étudié les techniques du bâtiment et le développement de produits à l'université de technologie d'Eindhoven (2010). Depuis son diplôme, qui portait sur un composant préfabriqué faisant partie d'un concept de rénovation solaire intelligente de logement, il travaille en tant qu'ingénieur des façades. Il s'intéresse aux enveloppes à basse consommation d'énergie et durables pour le bâtiment, et intègre la conception de produits et l'innovation dans des projets architecturaux exigeants.

INDEX

CRÉDITS DES ILLUSTRATIONS

Chapitre 1 :
P. 8, 10, 12, 14, 18, 20, 21, 22, 25 ©Serge Ferrari ; p. 16 Sto AG ; p. 23 Schmidhuber & Kaindl, Munich

Chapitres 2 à 7 :
2.1–2.4 Nicolas Pauli ; 2.5, 2.6 Bernard Maurin ; 2.7, 2.8 René Motro ; 2.9 Bernard Maurin ; 2.10 René Motro ; 2.11 ILEK Stuttgart ; 2.12. Bernard Maurin ; 2.13 Bernard Maurin, ILEK Stuttgart ; 2.14 René Motro ; 2.15 Bernard Maurin ; 2.16, 2.17 Nicolas Pauli

3.1–3.11 Bernard Doriez ; 3.12 René Motro ; 3.13, 3.14 Bernard Doriez ; 3.15 Nicolas Pauli ; 3.16–3.27 Bernard Doriez

4.1, 4.2 Tensoforma Trading Srl – TEXO® system ; 4.3 SMIT ; 4.4 Tensoforma Trading Srl – TEXO® system ; 4.5 DuPont ; 4.6–4.9 Tensoforma Trading Srl – TEXO® system ; 4.10 Planungsgruppe Drahtler – Dortmund, Tensoforma Trading Srl – TEXO® system ; 4.11– 4.13 Tensoforma Trading Srl – TEXO® system ; 4.14 Archea Associati ; 4.15 Tensoforma Trading Srl – TEXO® system

5.1–5.18 Mark Cox, Tim de Haas, Roel Gijsbers, Arno Pronk, Jeroen Weijers

6.1 Jouve-Sazerat-Vignaud Architects, Sophie Mallebranche ; 6.2 Wikimedia Commons ; 6.3 Anna Zaharakos, Studio Z ; 6.4 Anne Kyyrö Quinn ; 6.5 Camilla Diedrich ; 6.6. Davide Giordano – Zaha Hadid Architects ; 6.7 Giuseppe Crispino, Antonio Ravallı Architetti ; 6.8, 6.9 Sophie Smith – Wil Alsop ; 6.10 INFLATE Design ; 6.11 Kurt Tingdal, Offecct AB ; 6.12 Paul Kaloustian ; 6.13 Anne Kyyro Quinn ; 6.14 Hsinming Fung, Architect and Craig Hodgetts, Architect ; 6.15 Paúl Rivera/Arch Photo ; 6.16 Architen Landrell ; 6.17 Wikimedia Commons ; 6.18 ©Annette Kisling/Cy Twombly, 2009 ; 6.19 Ricardo Santonja/Alberto Cubas ; 6.20 Marcel Wanders ; 6.21, 6.22 Erwan & Ronan Bouroullec ; 6.23 Werner Aisslinger/studio Aisslinger ; 6.24 Astrid Krogh ; 6.25 Cristiano Peruzzi, Luminex® ; 6.26 Camilla Diedrich ; 6.27 Erin Hayne, Nuno Erin ; 6.28 Mette Ramsgard Thomsen ; 6.29 Future Shape GmbH ; 6.30 Wikimedia Commons.

7.1–7.22 Empa – Center for Synergetic Structures

Chapitres 8 to 11 :
P. 115–117 Esmery Caron
P. 119–121 Esmery Caron
P. 123–125 WAGG Soluciones Tensadas
P. 127 Ali Smaili, Smaili Contracting
P. 129–133 Tourism New Zealand (1 haut), Cameron Spencer, Getty Images (1 bas), Fabric Structure Systems (3, 5, 7), ©Spyglass Group Ltd. (6, 9)
P. 135–137 ©Serge Ferrari
P. 139–143 Lonas Lorenzo, Roberto Munoz
P. 145–149 Tentech
P. 151–153 Prat Structures Avancées
P. 157–159 Lilli Kehl (1,3) ; Archiv Blaser Architekten AG (2, 4, 5)
P. 161–165 Photos : Marc Blessano, dessins : deillon delley architectes
P. 171–175 Architecture : Schmidhuber & Kaindl/Exposition : Milla + Partner/Photos : Andreas Keller
P. 177 ©Serge Ferrari, photographe : Marco Blessano
P. 179–183 Iaso
P. 186–191 Gulf Shade, Manama, Bahrain
P. 193–195 Ali Smaili, Ali Smaili Contracting
P. 197–199 Thomas Mayer archive
P. 201–203 ©Serge Ferrari, photographe : Marco Blessano
P. 205–207 Gilles Aymard
P. 211–213 Paul Kozlowski (1, 3, 4, 5), TNA (2)
P. 215–217 Paul Kozlowski (1, 3, 4, 5), TNA (2)
P. 219–223 Paul Kozlowski (1, 3, 4,), TNA (2)
P. 225–227 Ellermann GmbH ; Fria Hagen